中等职业教育国家规划教材配套教材

汽车概论

（第二版）

张　利　侯红宾　主编

人民交通出版社股份有限公司
China Communications Press Co.,Ltd.

内 容 提 要

本书是中等职业教育国家规划教材配套教材之一。全书主要内容包括：绪论、汽车总体构造、汽车发动机、汽车电气设备、汽车底盘、汽车车身、汽车新技术。

本书可供汽车运用与维修专业学生、汽车维修技师和汽车维修工参考使用。

图书在版编目（CIP）数据

汽车概论/张利，侯红宾主编.—2版.—北京：人民交通出版社股份有限公司，2016.12
中等职业教育国家规划教材配套教材
ISBN 978-7-114-13394-7

Ⅰ.①汽… Ⅱ.①张… ②侯… Ⅲ.①汽车—中等专业学校—教材 Ⅳ.①U46

中国版本图书馆 CIP 数据核字（2016）第 247922 号

书　　名：	汽车概论（第二版）
著 作 者：	张　利　侯红宾
责任编辑：	时　旭
出版发行：	人民交通出版社股份有限公司
地　　址：	（100011）北京市朝阳区安定门外外馆斜街 3 号
网　　址：	http://www.ccpcl.com.cn
销售电话：	（010）59757973
总 经 销：	人民交通出版社股份有限公司发行部
经　　销：	各地新华书店
印　　刷：	北京市密东印刷有限公司
开　　本：	787×1092　1/16
印　　张：	10.25
字　　数：	240 千
版　　次：	2003 年 7 月　第 1 版 2016 年 12 月　第 2 版
印　　次：	2021 年 11 月　第 2 版　第 4 次印刷　总第 18 次印刷
书　　号：	ISBN 978-7-114-13394-7
定　　价：	24.00 元

（有印刷、装订质量问题的图书由本公司负责调换）

第二版前言

本套教材是中等职业教育国家规划教材的配套教材,自2003年出版以来,以其结合各地汽车维修行业的生产实际、体现以人为本的现代理念、注重对学生创新能力的培养、具有较强针对性等特点,受到了广大职业院校师生的欢迎。

为贯彻《教育部关于深化职业教育教学改革全面提高人才培养质量的若干意见》(教职成〔2015〕6号)提出的"对接最新职业标准、行业标准和岗位规范,紧贴岗位实际工作过程,调整课程结构,更新课程内容,深化多种模式的课程改革",响应国家对于汽车运用技术领域高素质专业实用人才培养的需要,更好地贴近汽车运用与维修专业实际教学目标,故人民交通出版社股份有限公司对本套教材进行了修订。本次修订以《中等职业学校专业教学标准(试行)》为标准,以职业教育人才培养模式和宗旨为导向,注重实践能力的培养,吸收教材使用院校师生的意见和建议,经过与编者的认真研究和讨论,确定了修订内容。

《汽车概论(第二版)》的修订工作,是以本书第一版为基础,吸收了教材使用院校教师的意见和建议,在修订方案的指导下完成的。修订内容主要体现在以下几个方面:

(1)删去汽车主要总成在车上的布置、塞尺的认识使用及调整气门间隙、汽车使用性能与维修的内容。

(2)更新汽车总体构造、汽车结构参数、燃料供给系统、汽车电气设备内容以及部分习题。

(3)增加汽车新技术的内容。

(4)更换部分图片,并纠正原版教材中的错误。

本书由北京交通运输职业学院张利、侯红宾担任主编,北京交通运输职业学院陈俊杰、天津市南开区职业中等专业学校李冉、北京市公共交通高级技工学校厉亚光担任副主编。

由于编者经历和水平有限,书中难免有不足之处,敬请广大读者及时提出修改意见和建议,以便修改和完善。

编　者
2016年7月

目 录

绪论 ·· 1

第一章　汽车总体构造 ··· 11
第一节　汽车的一般知识 ··· 11
第二节　汽车总体结构认识 ·· 16
小结 ·· 17
复习思考题 ·· 17

第二章　汽车发动机 ·· 19
第一节　发动机工作原理和总体结构 ···································· 20
第二节　曲柄连杆机构 ·· 29
第三节　配气机构 ·· 40
第四节　燃料供给系统 ·· 46
第五节　冷却系统 ·· 57
第六节　润滑系统 ·· 63
小结 ·· 67
复习思考题 ·· 69

第三章　汽车电气设备 ·· 72
第一节　概述 ·· 72
第二节　发动机电气系统 ·· 73
第三节　车身电气系统 ·· 80
小结 ·· 83
复习思考题 ·· 84

第四章　汽车底盘 ·· 86
第一节　传动系统概述 ·· 86
第二节　离合器 ·· 87
第三节　变速器 ·· 91
第四节　万向传动装置 ·· 97
第五节　驱动桥 ·· 99
第六节　行驶系统 ·· 105
第七节　转向系统 ·· 115

第八节　制动系统 ··· 120
　　小结 ··· 131
　　复习思考题 ··· 132
第五章　汽车车身 ··· 136
　　第一节　汽车车身的主要结构形式 ··· 136
　　第二节　车身认识 ··· 139
　　小结 ··· 140
　　复习思考题 ··· 140
第六章　汽车新技术 ··· 141
　　第一节　大众新技术 ··· 141
　　第二节　混合动力汽车 ··· 147
　　小结 ··· 151
　　复习思考题 ··· 152
附录1　常见汽车仪表板警示灯图表 ··· 154
附录2　名车标志 ··· 155
参考文献 ··· 158

绪 论

一 汽车工业发展简史

车的历史由来已久,陆地上有轮子的运输工具都可以称为"车"。学者们认为,中国是最早使用车的国家之一,大约4600年前,我们的祖先就开始造车并把车用于生产、生活和作战。车的动力从人力、兽力、蒸汽机到内燃机经历了漫长的年代。

我国的辞书中关于汽车的定义几经更迭,但一直强调一点:用内燃机做动力。我国原称车为"自动车",因为大多数使用汽油发动机,故称汽车,并沿用至今。随着车用新能源的不断涌现,这些定义已显得很不确切。根据国际标准化组织(ISO)规定,凡由动力驱动,并有4个或4个以上车轮的非轨道承载的道路车辆都称为汽车。

汽车的历史仅有100多年。1885年,德国一个火车司机的儿子卡尔·本茨制成了世界第一辆三轮汽车。这辆汽车装用一台662W(0.9马力)的单缸汽油机,车重254kg,最高车速15km/h,并具备现代汽车的一些基本特征:电点火、水循环、钢管车架、钢板弹簧、后轮驱动、前轮转向、制动手柄等。1886年1月29日,本茨制造的汽车取得了专利权,人们把这一天看作汽车的诞生日。本茨发明的第一辆汽车(图0-1)现收藏在德国慕尼黑科学技术博物馆,依然可以开动。

图0-1 本茨和他发明的世界第一辆汽车

几乎与本茨同期,另一位德国人戈特利·戴姆勒在一辆四轮车上安装了他发明的发动机(图0-2)。这是一台单缸卧式汽油发动机,转速为900r/min,它所提供的动力使戴姆勒的汽车车速达到16km/h。

卡尔·本茨和戈特利·戴姆勒被世界公认为是以内燃机为动力的现代汽车的发明者,同时被誉为"汽车之父"。

图 0-2　戴姆勒和他发明的四轮汽车

对世界汽车工业发展做出了巨大贡献的另一个人是美国人亨利·福特。1908 年，福特做出了一项意义深远的决定：从制造单一车型入手，实现生产标准化，努力降低成本，推广经济型轿车，让普通百姓能买得起汽车。此后不久，福特公司生产出了 T 型汽车（图 0-3）。1913 年，福特公司建起了世界第一条流水线，大大提高了生产效率。到 1914 年，福特公司已经能在 93min 内从无到有组装出一辆完整的汽车。标准化和流水线生产不但使福特公司占据了 70% 以上的美国汽车市场，成为美国乃至世界最大的汽车公司，还最终导致了汽车在美国和世界的普及，极大地改变了 20 世纪人类的生活，对 20 世纪的人类历史产生了巨大的影响。因此，该公司被誉为汽车现代化生产的先驱。亨利·福特首创的标准化和流水线的生产方法不仅对汽车制造业，而且对世界工业的影响也是划时代的。

图 0-3　福特和其公司开发生产的 T 型汽车

在世界汽车发展历史上还有几个重要的年代、人物和事件：

1839 年，美国人固特异发明橡胶充气轮胎。

1876 年，德国人奥托研制成第一台四冲程汽油发动机。

1895 年，发动机前置式汽车问世。

1895 年，法国发明家雷诺提出用齿轮传动替代带传动或链传动，改进传动机构，随后变速器、差速器相继出现。

1895年,法国橡胶商米其林兄弟制造出可拆卸的有充气内胎的橡胶轮胎,使车速从20km/h提高到100km/h。

1897年,德国人迪赛尔研制成第一台柴油发动机。

1939年,第一批由德国波尔舍博士于1937年设计的"甲壳虫"车被生产出来,这款车型以其价廉、耐用、便于维修等特点而迅速遍布全球。

我国历史上出现的第一辆汽车是1902年袁世凯进贡给慈禧太后67岁大寿的寿礼。这是一辆生产于1896~1898年的德国造汽车,该车外形很像18世纪欧洲的马车,车身为木质敞开式,上部有四根木杆支撑着帆布顶篷,前后两排座位,发动机为三缸水冷汽油机,功率为2.94kW(4马力)。慈禧曾乘此车在皇宫和颐和园赏景。一日,游玩中她突然觉得开车的奴才坐在她前面冒犯了她的尊严,即令驾驶人跪着开车,驾驶人没法用脚踩加速踏板就报告说汽车坏了。这辆1902年进口的汽车就此成了历史文物,该车现存于颐和园,是我国现存年代最早的汽车。

我国第一辆国产汽车于1931年5月装配成功,命名为"民生牌75型"。该车采用水冷六缸汽油机,功率为47.8kW(65马力),最高车速64km/h,载重2t,是由张学良负责,聘请了几位美国工程师指导中国工人制造的。生产这辆车的工厂是张作霖1926年在沈阳建立的迫击炮厂。当时中国工业十分落后,在只有300多工人、设备简陋的工厂制造出汽车,实为不易。"九一八"事变,日本侵略者占据了工厂,民生牌汽车停止了生产。此后,旧中国还先后出现过一些仿造和拼装外国车辆的工厂和少数制造汽车配件的工厂及汽车维修工厂。

1951年9月,天津汽车制造厂试制成功了第一辆国产吉普车。1953年,在前苏联汽车专家帮助下,我国在吉林长春兴建第一汽车制造厂,1956年7月生产出解放CA10B型中型载货汽车,从此结束了中国不能生产汽车的历史。1958年3月,南京华东炮兵后勤修配总厂试制出中国第一辆轻型载货汽车。同年5月,第一汽车制造厂生产了我国第一辆轿车——东风牌轿车。6月,北京生产的井冈山牌轿车也试制成功。两车都开到中南海受到毛泽东主席等中央领导人的接见。1960年,根据周恩来总理的指示,一汽开始试制三排座高级轿车——红旗牌轿车。1969年,在湖北十堰兴建第二汽车制造厂,开始生产"东风"牌2.5t越野车和5t载货汽车。

20世纪80年代中期开始,我国汽车工业进入了迅速发展时期,合资企业与推出的车型连年增长:北汽与美国合资,生产了切诺基;一汽引进德国资金与技术,生产了奥迪、高尔夫、捷达;二汽的富康;上海的桑塔纳、别克;南京的依维柯;广州标志、广州本田;天津夏利等。中国不但有了自己的汽车制造业,近年来,中国轿车已经开始走向世界和进入家庭。

二 汽车与环境

汽车行业已经成为最庞大的行业之一,汽车工业的发展会带动多种行业共同发展。就制造业而言,汽车制造厂只自行制造发动机、变速器、车桥、车身等主要总成,而轮胎、电机、电器、仪表、车身内饰和其他小零部件都靠协作厂制作或从市场采购。就制造汽车需要的材料而言,主要涉及的金属与非金属材料有钢、铁、铜、铝、塑料、陶瓷、木料、皮革和织物等。汽车表面需要涂装;汽车运行需要燃料、各类润滑材料和工作液;为不断改进车辆的性能,计算机技术在汽车上的应用日益增多;不一而足。汽车工业涉及太广,因而人们说:一个国家汽车工业的水平代表着这个国家的整体工业水平。

汽车问世100多年来，为人类带来的好处是显而易见的：为人们出行提供便利的交通，为生产和生活带来更高的效率，为社会提供大量的就业机会等，汽车为人类拓展了广阔的时间与空间。然而，在创造财富、丰富人类生活的同时，汽车也消耗了大量资源，并在交通事故和环境污染方面，使人类付出了巨大的代价。仅就汽车在使用和维修中对环境的影响而言，就应该引起我们足够的重视。

汽车使用过程中对环境的污染主要有3个方面：排放、噪声和电磁波干扰。

排放主要通过蒸发和尾气两个渠道影响环境空气质量。主要的排放污染物有：一氧化碳、碳氢化合物、氮氧化合物和一些微粒。

一氧化碳破坏血液的携氧能力；碳氢化合物破坏黏膜组织；氮氧化合物对鼻、眼有刺激作用。碳氢化合物与氮氧化合物在紫外线作用下会形成光化学烟雾，浓度低时使人感觉胸闷，浓度高时可致人死亡。微粒主要有炭烟、铅化物及制动蹄片、离合器摩擦片和轮胎磨损产生的微粒，这些浮游粒子不仅阻碍视程还侵害人体的呼吸器官。一些催化净化装置的催化剂耗损生成重金属粒子，也形成对大气的污染。

此外，燃烧后废气中的二氧化碳虽不作为有害物质加以限制，却是造成整个地球温室效应的主要原因。

汽车噪声主要来自于发动机噪声和轮胎噪声，此外，还有车体振动、传动系统噪声、车身扰动空气噪声和喇叭噪声等。汽车噪声属于中强度噪声，对人的影响主要是影响交谈，使人心情不安、烦躁、疲倦、工作效率下降等。

电磁波干扰是由具有电感和电容的闭合回路产生的高频振荡以电磁波的形式放射到空气中，切割无线电、广播电视等通信设备天线而引起的干扰。在汽车电气设备中，点火系形成的干扰最为严重，此外还有发电机、调节器、刮水器、灯开关等。

汽车维修也对环境构成影响。汽车空调早期使用的制冷剂如果泄漏会破坏臭氧层；加工制动蹄片和离合器片的铆钉孔产生的微粒含有石棉；零件清洗后的碱液、更换的制动液、防冻液、润滑油、废电池、废轮胎等有的经过处理可以变成无害物质，有的至今没有很好的处理办法或处理的代价高昂而很少被应用。

汽车维修行业的从业者应该做到的是：通过维修使车辆处于良好的技术状态，减少车辆使用中的排放、噪声与电磁波干扰；严格按技术规范操作，避免因泄漏导致的环境破坏；按规定回收维修后的废料，不随意弃置。

三 汽车的现在与未来

汽车虽然只有100多年的历史，但是今天的汽车与100年前已经有了非常大的不同，伴随着计算机技术的发展与日益成熟，电控燃油喷射、电控点火、怠速控制、电控自动变速器、制动防滑、驱动防滑、动力转向、安全气囊、悬架、巡行、卫星导航等电控技术被日益广泛地应用在汽车的各个系统上，这一切，除了使车辆的动力性、经济性、操纵性、舒适性等各方面的性能大幅度提高外，归根结底，是实现现代汽车两个主要目标：安全与环保。

安全带、安全枕、安全转向柱、安全玻璃、制动防滑、气囊、悬架等结构的设置无不为着提高安全性、减少事故或事故造成的伤害。近年还出现了装用雷达探测器的保险杠、驾驶人瞌睡提示、汽车自动减速或停车、事故车辆自动报警等技术。

现代汽车主要以汽油和柴油为能源,石油产品的40%用于汽车。随着石油危机和日益严重的环境问题的提出,人们一方面把计算机技术引入汽车的各种控制系统,努力研制可以降低燃耗和排放污染的汽车,另一方面也着眼于开发新的汽车能源。太阳能、电能、天然气、液化石油气、甲醇、压缩空气、沼气等已经或将要成为新的车用能源。全世界的汽车制造商都在全力以赴地投入电动轿车的研究,在解决了最高行驶车速和充电后的续驶里程问题后,降低成本已成为推广这种能源的主攻问题。所谓太阳能汽车实际是装用高效太阳能电池的汽车,通过高效太阳能电池,太阳能被转化为汽车动力。以天然气和液化石油气做能源的汽车已经在北京的许多公交车和部分出租车上使用。

尽管新的车用能源在体现车辆性能方面还存在一些不尽如人意之处,但它们在减少环境污染和弥补石油资源不足方面所表现出来的优势足以给人们以鼓舞,相信新能源汽车会不断发展,其各种性能会在不远的将来得到提高与完善。

四 汽车的称谓

通常可以按车辆的用途把车辆分为客车、货车、轿车等。其中按照各种不同的特征,对车辆又有多种称谓。国外常见的几种称谓如下。

1. "×"级车

按照国际惯例,一般以发动机排量划分轿车的等级。A级:发动机排量在1.0L以下;B级:发动机排量为1.3L;C级:发动机排量为1.6L;CD级:发动机排量为1.8L;D级:发动机排量为2.2L;E级和F级:发动机排量在2.8L以上。不同的汽车生产厂家也有自己的一些定义,如奔驰公司的定义是:C级——中档轿车、跑车、E级——高档轿车、跑车、S级——豪华轿车、跑车,G型——越野车;宝马公司的定义是:3系列——中档轿车,5系列——高档轿车,6系列——中档跑车,7系列——高档轿车,8系列——高档跑车,Z系列——轻便小跑车。

跑车的概念并不十分明确,它属于轿车的一种,通常只有一排座位,两个车门,其发动机与一般轿车相同或接近,所以比一般轿车有更高的车速,设计时比较注重驾驶性。跑车车身比较低,适于高速行驶。车头较长,行李舱小甚至没有,车身流线型好,外观追求新潮、靓丽。

2. "×"厢车

把发动机舱、乘驾室、行李舱通称为"厢"。两厢车指车身包括发动机舱和乘、驾室(乘、驾为一室)。三厢车指车体包括发动机舱、乘驾室和行李舱。

3. 概念车

概念车是一种表现汽车制造企业设计理念的汽车,它通常只是制作一辆样车,用以向人们展示设计者新颖、独特、超前的理念或汽车制造企业对未来发展趋向的一种思考。这种理念或思考可能会溶入未来开发的产品中,但这辆概念车也许永远不会投入生产。

4. 赛车

参加各种汽车运动竞赛的车辆都可以称为赛车。

使用汽车在封闭的场地内、道路上或野外,比赛速度、驾驶技术和车辆性能的运动称为汽车运动。

最早的汽车比赛是1894年在法国举行的，随着汽车工业的发展，汽车运动的项目越来越多，规则也日趋完善。目前国际上比较统一的项目有：方程式汽车赛、拉力赛、耐力赛、创纪录赛、直线竞速赛、场地赛、驾驶技巧赛、爬坡赛、卡丁车赛等。国际汽车联合会对在世界范围内开展广泛、影响巨大的项目设立了世界系列锦标赛，中国于1983年正式加入国际汽车联合会，并于1985年举办了第一届香港—北京汽车拉力赛从而首次开始了汽车赛事。我国现已开展的项目有：拉力赛、越野赛、普通汽车竞速赛、驾驶技巧赛、卡丁车赛等。

1) 方程式汽车赛

方程式汽车赛是一种场地比赛，参加该比赛所使用的赛车必须依照国际汽车联合会指定颁发的车辆技术规则规定的程式制造，包括赛车的车体结构、长度和宽度、最低质量、发动机排量、汽缸缸数、油箱容积、电子设备、轮胎的距离和大小等。这类赛事有F—1（一级方程式）、F—3、F—3000、亚洲方程式、雷诺方程式等。F—1是汽车场地比赛项目中最高级别的比赛。

2) 拉力赛

拉力赛又称多日赛，是道路比赛项目之一，在有路基的土路、砂砾路或沥青路上进行，是在一个国家或跨越国境举行的既检验车辆性能和质量，又考验驾驶技术的长途比赛。比赛在规定的日期内分若干阶段进行，每阶段设置由行驶路段连接的数个测试速度的特殊路段。对路段长度、驾驶人、车辆性能等都有明确要求。

3) 耐久赛

耐久赛简称"GT"赛，是在比赛场地内，在规定的时间（通常为8~11h）中，由2~3人轮流驾驶，按完成的圈数评定成绩的一种比赛。

4) 直线竞速赛

直线竞速赛按发动机排量分级，在两条并列的长1500m，宽15m的直线沥青跑道上，每2辆车为一组进行淘汰赛，比赛距离为1/4mile（402.336m）或1/8mile（202.336m），采用定点发车方法，加速行进，通过电子仪器测量从发车线到终点线的行驶时间评定成绩。

5) 创纪录赛

创纪录赛按发动机排量分级，在某个场地或路段以单车出发创造最高行驶速度记录为目的的汽车运动。1997年达到的最高车速记录是1227.73km/h。

由上述可见，严格地讲：按不同的汽车比赛要求，根据汽车比赛技术规则的规定制造的专用汽车或经过一定程度的改装并安装了安全保护装置的符合某项汽车比赛规则的汽车称为赛车。

五 世界主要汽车生产企业简介

进入21世纪，汽车几乎已遍布在世界的各个角落，汽车生产企业也分布于世界各地，以下简单介绍几个最具影响力的公司。

在汽车的发源地德国，著名的汽车公司有：梅塞德斯—奔驰汽车公司（简称奔驰汽车公司）、宝马汽车公司、大众汽车集团、保时捷设计与研究公司（原译为波尔舍公司）、欧宝（曾译为奥贝尔）汽车公司。

1) 梅塞德斯—奔驰公司

1926 年由奔驰公司和戴姆勒公司合并而成。在本茨和戴姆勒各自生产出自己的第一部汽车后，两人都于 1887 年把自己的产品推向市场，两家公司都不断推出新的汽车品种，到了 1902 年，戴姆勒才将公司生产的所有汽车都以自己女儿的名字命名，没想到销量大增。但很快，德国在第一次世界大战中失败，经济衰退，福特汽车以廉价赢得大量德国市场，为求生存，戴姆勒与本茨决定联合起来一致对外。合并后的公司称为戴姆勒—奔驰汽车公司，产品统一命名为梅塞德斯—奔驰。20 世纪 60 年代起，梅塞德斯—奔驰公司的业务向宇航、航空动力等多方面发展，公司改组为戴姆勒—奔驰工业集团，汽车部改称为梅塞德斯—奔驰公司。

2）宝马汽车公司

宝马汽车公司于 1916 年创建，创始人是卡尔·拉普和古斯塔夫·奥托，总部设在德国慕尼黑，主要生产高级轿车和跑车。宝马公司初建时只生产飞机发动机，所以选择蓝白相间的螺旋桨型图案作标志。第一次世界大战后德国航空工业受到严格限制，宝马公司于 1929 年开始生产汽车。20 世纪 90 年代，宝马公司的汽车产量多次超过奔驰公司，成为全球增长最快的高档汽车生产厂家。

3）大众汽车集团

大众汽车公司创建于 1938 年，初建时是德国国有企业，主要发起人是费迪南德·波尔舍博士，总部设在德国沃尔夫斯堡。20 世纪 40 年代，大众的"甲壳虫"成为欧洲最畅销的车种。1960 年大众公司实现私有化，1964 年买下奥迪汽车公司，组成大众汽车集团，后又买下西班牙西特汽车公司和捷克斯科达汽车公司，成为大型世界性汽车工业集团。大众集团的大众汽车公司是欧洲最大的汽车公司，主要产品有高尔夫、捷达、帕萨特等。

4）保时捷设计与研究公司

保时捷公司始建于 1930 年，创始人是费迪南德·波尔舍博士，公司总部设在德国斯图加特。这是一个非常特殊的公司，既从事保时捷牌超级跑车的设计与生产，又承接其他公司委托的技术研究和设计开发工作。尽管保时捷以其跑车闻名于世，但公司收入的更大部分来自承接的研究工作。大众公司的"甲壳虫"（图 0-4）就是波尔舍博士研制开发的。

图 0-4　波尔舍设计的"甲壳虫"

在首创流水线的美国,著名的汽车公司有:通用、福特和克莱斯勒。

1)通用汽车公司

通用汽车公司是世界上最大的汽车公司,建于1908年,创始人是威廉·杜兰特,总部设在美国汽车城底特律。杜兰特原来是美国最大的马车制造商,1904年他买下了别克汽车公司,开始进入汽车制造业,由于财力雄厚和善于经营,公司迅速发展,1908年成为美国最大的汽车公司,在拿不出足够的现金收购福特公司时,他仍不懈努力,笼络了包括凯迪拉克等20多家大小公司,于1908年秋正式成立了通用汽车公司。因为杜兰特没有管理庞大公司的能力,2年后公司陷于困境,他被迫离开通用。但他不气馁,另建了雪佛兰汽车公司并经营成功,在杜邦家族巨大的财政支持下,他通过收购股权重新控制了通用。还是由于杜兰特不善管理大企业的原因,杜邦最终换用了具有管理天赋的阿尔弗莱德·斯隆,通用从此开始了一个崭新的时代。通用现有六个分部和两个子公司:凯迪拉克分部、别克分部、奥兹莫比尔分部、旁蒂克分部、雪佛兰分部、土星分部、欧宝公司和伏克斯豪尔公司,还在瑞典绅宝汽车公司拥有一半股份。

2)福特汽车公司

福特汽车公司是美国和世界第二大汽车公司,建于1902年,创始人是亨利·福特,总部设在底特律附近的迪尔本。1902年,福特与一个煤商合建公司,并以两人名字命名——福特—马尔科姆逊公司。第二年该公司更名为福特汽车公司,不久福特买下了对方的股份,彻底控制了公司。福特公司目前有两个分部和两家大型子公司:福特分部、林肯—水星分部、德国福特公司和英国福特公司。

3)克莱斯勒汽车公司

克莱斯勒汽车公司始建于1925年,创始人是沃尔特·克莱斯勒,总部设在底特律,是美国第三大汽车公司。它的前身是1913年成立的马克斯维尔汽车公司,该公司在1924年曾濒于倒闭,由于请到了有企业救星美誉的前别克汽车公司总裁沃尔特·克莱斯勒,才使公司迅速恢复生机。1924年,克莱斯勒以自己的名字命名了新开发的轿车,并于第二年彻底控制了,更名为克莱斯勒公司。如今的克莱斯勒公司有三个分部,道奇分部是其中之一。

法国的著名汽车公司有雷诺、标志、雪铁龙。

1)雷诺汽车公司

雷诺汽车公司建于1898年,创始人是路易斯·雷诺,总部设在法国比昂古。第二次世界大战期间,法国被德军占领,雷诺与纳粹德国合作,为其生产军用产品。第二次世界大战结束后,1944年,雷诺以通敌罪被法国政府逮捕,不久死于狱中,雷诺公司也被收归国有。雷诺公司目前是法国第一大汽车公司。

2)标志汽车公司

标志曾译为别儒,标志汽车公司始建于1890年,创始人是阿尔芒·别儒。别儒家族1810年建厂生产锯条和工具,把杜斯省的省标———只雄师作为商标,1889年开始生产汽车。法国的第一辆汽车是标志公司生产的。标志公司在1974年控股雪铁龙汽车公司,组成标志—雪铁龙集团;1978年又买下克莱斯勒欧洲公司,改组为塔尔伯特汽车公司。由标志公司、雪铁龙公司和塔尔伯特公司组成PAS汽车集团。

3)雪铁龙汽车公司

雪铁龙汽车公司建于1919年，创始人是安德列·雪铁龙，总部设在巴黎，它的前身是齿轮厂，故其标志是人字形齿轮。1913年，雪铁龙把流水线引入法国。1969年，雪铁龙公司生产了法国第一部电控燃油喷射汽车。20世纪90年代时，雪铁龙与中国第二汽车制造厂合资生产富康轿车。

意大利著名的汽车公司有菲亚特、法拉利、兰博基尼、阿尔法·罗密欧等。

1）菲亚特（FIAT）汽车公司

菲亚特汽车公司是意大利最大的汽车公司，建于1899年，创始人是乔凡尼·阿涅利，总部设在都灵，FIAT是意大利都灵汽车厂的缩写。该公司于1900年生产出第一批汽车，第二次世界大战后公司迅速发展，先后吞并了包括法拉利、阿尔法·罗密欧等意大利大多数汽车公司，成为意大利唯一的大型汽车公司。

2）法拉利汽车公司

法拉利汽车公司建于1929年，创始人是恩佐·法拉利。阿尔法·罗密欧是意大利高级轿车和跑车制造公司，建于1910年。1919年法拉利第一次参加汽车赛，其优异的赛车成绩引起阿尔法·罗密欧公司注意，1920年法拉利应邀加入阿尔法·罗密欧车队，他不但是一名赛车手，还是一位优秀的组织者，他通过关系聘请到了菲亚特公司著名工程师维多利·亚诺。1923年，法拉利驾驶着亚诺为阿尔法·罗密欧公司制造出的第一辆有实力的赛车在拉文纳汽车大赛中大获全胜，使法拉利和阿尔法·罗密欧车队一举成名。拉文纳是一位伯爵的儿子，第一次世界大战中曾是意大利的王牌飞行员。伯爵夫人曾建议法拉利把她儿子飞机上的吉祥物——一匹黄色奔马印到她儿子的赛车上作为护身符，从此，这匹奔马就出现在每一辆法拉利的和以法拉利命名的汽车上。以后法拉利和亚诺又接连创造了多个赛车史上的奇迹，为阿尔法·罗密欧公司在全世界赢得了声誉。1929年，法拉利离开了阿尔法·罗密欧公司，决心独自发展，但由于受到多种原因的干扰，直到1947年，第一辆以奔马为象征的法拉利汽车才诞生，从此，法拉利带领他心爱的赛车南征北战，为世界赛车史写下了无数辉煌的篇章。法拉利被后人称为赛车之父。

英国著名的汽车公司有劳斯莱斯、莲花等。

劳斯莱斯汽车公司（曾译为罗尔斯—罗伊斯）建于1906年，创始人是亨利·罗伊斯和查尔斯·罗尔斯。罗尔斯和罗伊斯原本就是商业伙伴，罗伊斯是位工程师，罗尔斯出身贵族，是个兼营汽车销售的赛车手。罗伊斯于1904年造出了他的第一批汽车，罗尔斯对这些车极其欣赏，认为这些车会有极好的发展前景，二人决定共同组建劳斯莱斯（罗尔斯—罗伊斯）汽车公司，罗伊斯负责设计和生产，罗尔斯负责销售。1907年推出了第一辆以劳斯莱斯命名的豪华轿车，后来公司又聘请雕塑专家为劳斯莱斯设计了立体车标——狂喜之灵女神。直到今日，一提到劳斯莱斯，人们总会联想到"豪华"，的确，劳斯莱斯车一直位居世界豪华轿车之冠。第一次世界大战初劳斯莱斯公司就开始生产航空发动机，20世纪70年代时因投巨资开发新型航空发动机而使公司破产，后由政府对公司进行改组，把公司分为劳斯莱斯汽车公司和劳斯莱斯航空发动机公司。

瑞典著名的汽车公司是富豪（LOLVO）汽车公司，该公司原生产轴承，1927年制成第一部汽车。

日本的著名汽车公司有丰田、日产、本田、三菱、铃木等。

丰田汽车公司是亚洲最大的汽车工业公司,总部设在日本爱知县丰田市。丰田公司的前身是1933年成立的丰田自动织机制作所汽车部,1935年生产出第一部汽车,目前主要生产雷克萨斯、皇冠、佳美等轿车及大霸王MPV、陆地巡洋舰牌越野车等。丰田的标志是由三个椭圆构成的,大椭圆包容并统一了两个椭圆,它们分别代表顾客的心和丰田产品的心,而垂直和水平的椭圆代表着TOYOTA的首字母T,背景空间体现了丰田不断发展提高的技术及无限广阔的前景,丰田的宗旨是创造有益于环境、安全以及人和社会的汽车。

第一章　汽车总体构造

第一节　汽车的一般知识

> **学习目标**
> 1. 掌握我国国家标准规定的车辆类别；
> 2. 了解国产汽车编号的基本规则,掌握各类车型的车辆类别代号和主参数代号的意义；
> 3. 了解汽车的总体构造和行驶原理；
> 4. 了解车辆的主要性能参数和主要结构参数。

一　国家标准规定的车辆类别

根据结构或使用性能的特点,汽车有多种分类方法,按照国家标准《汽车和挂车类型的术语和定义》(GB/T 3730.1—2001),我国将汽车分为如下类别。

1. 乘用车

它是在设计和技术特性上主要用于载运乘客及其随身行李和(或)临时物品的汽车,包括驾驶员座位在内最多不超过9个座位,也可以牵引一辆车。乘用车又可以分为下述11类,其中前6类也可统称为轿车。

1）普通乘用车

它采用封闭式车身,固定式车顶(有的顶盖可以部分开启),4个或4个以上座位,至少两排且后座椅可折叠或移动,有2个或4个侧门,可有一后开启门。

2）活顶乘用车

它具有固定侧围框架的可开启式车身。车顶为硬顶或软顶,至少有两个位置:封闭;开启或拆除。可开启式车身可以通过使用一个或数个硬顶部件和(或)合拢软顶将开启的车身关闭。

3）高级乘用车

它采用封闭式车身,前后座之间可以设有隔板。有至少两排座椅,且后排座椅前可安装折叠式座椅。有4个或6个侧门,6个或6个以上侧窗。

4）小型乘用车

通常其后部空间较小,有2个或2个以上座位,2个侧门,也可有一个后开启门。

5)敞篷车

它采用可开启式车身,有2个或2个以上座位,2个或4个侧门。车顶可为软顶或硬顶,至少有两个位置:第一个位置遮覆车身;第二个位置车顶卷收或可拆除。

6)舱背乘用车

它具有封闭式车身,2个或4个侧门,车身后部有一舱门。

7)旅行车

车尾外形按可提供较大的内部空间。座椅的一排或多排可拆除,或装有向前翻倒的座椅靠背,以提供装载平台。

8)多用途乘用车

多用途乘用车是指上述7类车辆以外的、只有单一车室载运乘客及其行李或物品的乘用车。但是,如果这种车辆同时具有下列两个条件,则不属于乘用车而属于货车:

(1)除驾驶员以外的座位数不超过6个;只要车辆具有可使用的座椅安装点,就应算"座位"存在;

(2) $P - (M + N \times 68) > N \times 68$。

式中:P——最大设计总质量;

M——整车整备质量与1位驾驶员质量之和;

N——除驾驶员以外的座位数。

9)短头乘用车

其特征是一半以上的发动机长度位于车辆前风窗玻璃最前点以后,并且转向盘的中心位于车辆总长的前1/4部分内。

10)越野乘用车

在其设计上所有车轮同时驱动(包括一个驱动轴可以脱开的车辆),或其几何特性(接近角、离去角、纵向通过角,最小离地间隙)、技术特性(驱动轴数、差速锁止机构或其他形式机构)和它的性能(爬坡度)允许在非道路上行驶的一种乘用车。

11)专用乘用车

运载乘员或物品并完成特定功能的乘用车,它具备完成特定功能所需的特殊车身和(或)装备。例如:旅居车、防弹车、救护车等。

2. 商用车辆

在设计和技术特性上用于运送人员和货物的汽车,并且可以牵引挂车。具体分类如下。

1)客车

在设计和技术特性上用于载运乘客及其随身行李的商用车辆,包括驾驶员座位在内座位数超过9座。客车有单层的或双层的,也可牵引一挂车。客车可以再细分为小型客车、城市客车、长途客车、旅游客车、铰接客车、无轨电车、越野客车和专用客车。

2)半挂牵引车

装备有特殊装置用于牵引半挂车的商用车辆。

3)货车

一种主要为载运货物而设计和装备的商用车辆,包括普通货车、多用途货车、全挂牵引车、越野货车、专用作业车和专用货车。

二 国产汽车的编号规则

国产汽车型号由企业名称代号、车辆类别代号、主参数代号、产品序号和专用汽车分类代号组成,必要时可以附加企业自定代号。其形式如图1-1所示。

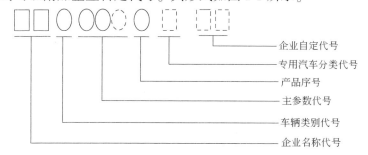

图1-1 国产汽车的编号规则

1. 企业名称代号

企业名称通常以两或三个汉语拼音字母表示,如:BJ代表北京;TJ代表天津;HFJ代表哈尔滨飞机制造厂等。

2. 车辆类别代号

车辆类别代号用一位数字表示,规定见表1-1。

车辆类别代号　　　　　　　　　　　　　　　表1-1

车辆类别代号	车 辆 种 类	车辆类别代号	车 辆 种 类	车辆类别代号	车 辆 种 类
1	载货汽车	4	牵引车	7	轿车
2	越野汽车	5	专用汽车	8	—
3	自卸汽车	6	客车	9	半挂及专用半挂车

3. 主参数代号

主参数代号用两位或三位数字表示汽车的主要性能特征。

(1)客车的主参数代号表示车身的长度,以m为单位。当车身长度小于10m时,应精确到小数点后一位,并以长度值的10倍数值表示;当车身长度大于10m时,允许用三位数字表示。

(2)轿车的主参数代号表示发动机的排量,以L为单位。应精确到小数点后一位,并以排量值的10倍数值表示。

(3)其他各类车辆的主参数代号表示其总质量,以t为单位,精确到整数位。当主参数不足两位时,应以0补足。

4. 产品序号

产品序号用阿拉伯数字按0、1、2……依次使用。0表示原设计产品或称第一代产品,1表示第一次改型或称第二代产品……依此类推。

5. 专用汽车分类代号

当车辆属于专用汽车时,以字母表示专用汽车分类。

6. 企业自定代号

企业自定代号用于区别同一车型结构上的一些差异,可以用汉语拼音或数字表示。如:

"GD"表示"高顶",以示与平顶客车的区别。

汽车编号示例:

(1)SGM7160——上海通用生产轿车,1.6L排量,第一代产品。

(2)JETTA-CLX16——捷达普通两气门发动机改进车身,1.6L排量。

(3)FT-E E M R K——一汽丰田威驰4门轿车,5速手动,1.5L排量,双顶置凸轮轴。

(4)宝马760L——宝马7系列,6L的排量,加长车身。

三 汽车的总体构造

汽车的总体构造如图1-2所示。

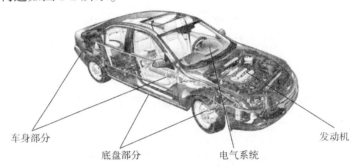

图1-2 汽车的总体构造

发动机:是汽车的动力装置。现在仍然是以汽油内燃机或者柴油内燃机为主,但是随着汽车技术的进步,逐渐有电动机等动力系统出现,从而替代传统内燃机的位置。

底盘:接受发动机的动力,使汽车运动并按照驾驶人的操作而正常行驶的部件;主要由传动系统、行驶系统、转向系统以及制动系统组成。

车身:车身是提供乘客和货物空间的部件,分为承载式和非承载式。大部分轿车的车身均为承载式,除了提供成员空间外,还是车辆其他部件安装的载体。

电气系统:包括电源(蓄电池)以及用电设备(例如喇叭、刮水器、车灯等);此外,现代汽车用到越来越多的电子控制技术和智能技术,例如发动机电子控制、导航系统、人机交互系统以及网络系统,也都属于电子设备的范畴。

四 汽车行驶基本原理

1. 驱动力的概念

以前置发动机后轮驱动的车辆为例,如图1-3所示。

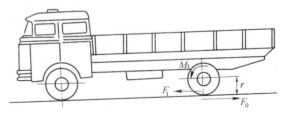

图1-3 汽车的驱动力

发动机的动力经传动系统传至驱动轮。由于轮胎与路面接触,驱动轮上的转矩 M_t 使车轮产生向后推地面的力 F_0,地面反作用给车轮向前的力 F_t 与 F_0 大小相等方向相反,与汽车前进方向一致,这个地面作用给车轮的反力 F_t 称为驱动力。

2. 汽车行驶原理

汽车在驱动力作用下行驶的原理如图1-4所示。安装车轮的构件称为车桥,安装驱动轮的车桥称为驱动桥,位于汽车前方的车桥称为前桥。车桥与车架的连接部分称为悬架。

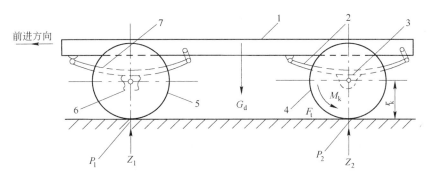

图1-4 驱动力与汽车的行驶

1-车架;2-后悬架;3-驱动桥;4-驱动轮;5-转向轮;6-转向桥;7-前悬架

驱动力 F_t 的一部分用于克服轮胎在路面上运动的阻力,其余大部分依次经驱动桥、悬架传到车架,用于克服作用在汽车上的各种阻力,并经车架传到前桥,使两前轮得以克服与路面间的运动阻力,于是整个车辆向前行驶。

3. 汽车的行驶状态与行驶阻力

1) 汽车的行驶状态

汽车起步或运行中,不但有驱动力的作用还遇到各种运行阻力。当驱动力大于阻力时,汽车起步或加速运行;当驱动力等于阻力时,汽车保持静止或等速运行;当驱动力小于阻力时,汽车不能起步或减速行驶。

2) 汽车的行驶阻力

汽车的行驶阻力包括滚动阻力、空气阻力、坡度阻力和加速阻力。

(1) 滚动阻力:是轮胎和路面变形引起的汽车运行阻力。路面松软、不平、轮胎气压不足都会加大汽车的滚动阻力。

(2) 空气阻力:是汽车运行中与空气相对运动形成的阻力。空气阻力主要由空气与车身的摩擦、车身前部挤压空气形成的阻碍汽车前进的正压、车辆后部空气涡流形成的阻碍汽车前行的负压引起。空气阻力与车速的平方成正比,并受车身流线型的影响。

(3) 坡度阻力:指汽车重力沿坡道的分力,汽车上坡时这一分力表现为阻力。坡度加大时坡度阻力加大。

(4) 加速阻力:汽车运行速度变化时,原有的运动惯性对汽车速度变化形成的阻碍作用称为加速阻力。

汽车只有在坡道上才存在坡度阻力,只有在速度变化时才存在加速阻力,但只要运行,滚动阻力和空气阻力就始终存在。

4．附着力的概念与驱动附着条件

1）附着力的概念

当驱动力大于阻力时，汽车可以从静止起步或加速运行，但在一定的轮胎和路面条件下，驱动力大到一定程度时，驱动轮会出现滑转现象，这表明驱动力的最大值受到路面条件的限制。地面对轮胎纵向反作用力的极限值称为附着力。

2）汽车行驶的驱动附着条件

汽车要保持运行状态，驱动力必须大于或等于各种阻力之和，这种驱动力与阻力的相互关系称为驱动条件。保持汽车正常运行的另一个条件是：驱动力的最大值小于或等于附着力。这种驱动力与附着力的相互关系称为附着条件。

五 汽车的主要性能参数

1．质量参数

（1）整车整备质量：汽车完全装备好的质量。包括发动机、底盘、车身、电气设备和汽车正常行驶所必需的辅助设备，加足燃料、润滑油、冷却液及其他工作液，带齐随车工具、标准备件、备用轮胎、灭火器等的质量。

（2）最大总质量：汽车满载时的总质量。

（3）最大装载质量：最大总质量与整车整备质量之差。

2．性能参数

（1）最高车速：汽车满载时在平坦的公路上行驶能达到的最高速度（km/h）。

（2）最大爬坡度：汽车满载时的最大爬坡能力（%）。

（3）平均燃料消耗量：汽车在公路上行驶时平均的燃料消耗量（L/100km）。

（4）最小转弯直径：转向盘转到极限位置时，外侧转向车轮的中心平面在支撑平面上的轨迹圆直径（m）。

第二节　汽车总体结构认识

汽车的主要结构参数如图1-5所示。

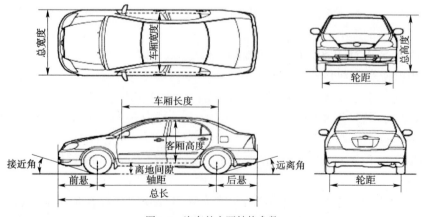

图1-5　汽车的主要结构参数

车长、车宽和车高是汽车的最基本的尺寸参数,车长和车宽值越大,汽车的外形尺寸就越大,驾驶的难度也越大,机动性相对较差。车身越高,汽车行驶过程中受空气阻力的面积越大,即空气阻力就越大,车重也越大,油耗相对较高;同时,车身较高会导致重心位置偏高,侧向稳定性变差,转弯时汽车会显得不够稳定。但对于轿车,车越高,车内的头顶空间越大,长途旅行越轻松。轴距长对车的稳定性和操纵稳定性有利,但这样会增大转向半径。轮距宽对车的稳定性有利,内部空间也大,但同样会增加风阻。前悬和后悬的值越小,汽车翻越路面凸起障碍物的能力就越强,通过性越好。

上述许多结构参数对汽车运行中的某些性能及驾驶操作有明显影响。如接近角、离去角、最小离地间隙等参数影响汽车通过道路障碍、通过具有较大凸起或凹坑的路面的能力;前悬、后悬对驾驶人转动转向盘的时机(特别是在狭窄通道中转弯)提出了不同的要求。

小　　结

(1)根据国家标准我国将汽车分为乘用车、挂车和汽车列车。
(2)国产汽车编号规则中以数字表示类别代号,目前数字"8"未使用。
(3)在国产汽车编号规则中,客车的主参数代号表示汽车的长度,轿车的主参数代号表示发动机的排量,其他各种类别的车辆主参数代号均表示车辆的总质量。
(4)汽车由发动机、底盘、车身和电气设备4部分组成。
(5)驱动轮得到发动机动力时产生对地面的作用力,地面反力称为驱动力。地面反力的最大值称为附着力。
(6)汽车的行驶阻力有滚动阻力、空气阻力、坡度阻力和加速阻力。
(7)汽车的行驶状态取决于驱动力与阻力的相互关系,要保持车辆的行驶状态,应使驱动力大于或等于阻力,其最大值小于或等于附着力。

复习思考题

一、简答题
1.按我国的国家标准汽车分为哪几类?
2.解释汽车SGM7160、JETTA-CLX16编号的意义。
3.汽车由哪4部分组成?
4.驾驶室仪表板上的主要仪表有哪几种?各自的标识是什么样的?

二、选择题
1.发动机转矩作用于驱动轮时,地面给驱动轮的反力称为(　　),方向(　　)。
　A.附着力……向前　　B.驱动力……向前　　C.运行阻力……向后
2.在平直路面等速行驶的汽车受(　　)阻力作用。
　A.滚动阻力　　　　　　　B.空气阻力
　C.滚动阻力和空气阻力　　D.滚动阻力、空气阻力、坡度阻力和加速阻力

3. 驱动轮上有力矩作用时,地面提供给驱动轮的最大纵向反力称为(　　)。
   A. 附着力　　　　　B. 运行阻力　　　　C. 最大驱动力
4. 保持汽车运行应使驱动力大于或等于运行阻力,这个条件称为汽车运行的(　　)。
   A. 附着条件　　B. 驱动条件　　C. 驱动附着条件　　D. 充分必要条件
5. 汽车的最高车速是指在(　　)行驶时所能达到的最高速度。
   A. 平坦公路　　B. 空载　　C. 满载平坦公路　　D. 高速路

三、填空题

将图 1-6 中适当的数字填入空中。

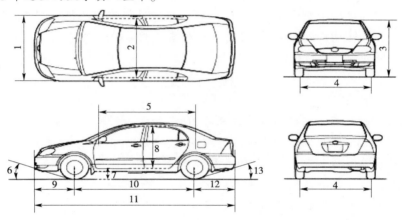

图 1-6　汽车的结构参数

图中＿＿＿为车长,＿＿＿为车宽,＿＿＿为车高,＿＿＿、＿＿＿称为轴距,＿＿＿、＿＿＿称为轮距,＿＿＿称为接近角,＿＿＿称为离去角,＿＿＿称为最小离地间隙。

第二章 汽车发动机

> **学习目标**
> 1. 掌握单缸发动机的基本结构,理解发动机的常用术语;
> 2. 掌握四冲程汽油机的基本工作原理;
> 3. 了解发动机的总体构造和国产发动机编号规则;
> 4. 掌握曲柄连杆机构主要组件的功用、结构特点、运动形式和相互位置关系;
> 5. 了解工厂中的危险物及维修中的安全注意事项;
> 6. 了解常用工具的选择和使用;
> 7. 掌握配气机构主要组件的功用、结构特点和基本工作过程;
> 8. 了解电控燃料供给系统的作用与组成;
> 9. 掌握电控燃油喷射系统的结构与工作原理;
> 10. 了解电控燃油喷射系统的优点、组成和基本工作原理;
> 11. 掌握冷却系统的组成、功用和循环水路;
> 12. 掌握润滑系统的功用,了解发动机的润滑方式和润滑油路。

　　发动机是将某一种能量转换为机械能的机器,是汽车的动力之源,被称为汽车的心脏。从汽车的发展史来看,汽车使用的发动机都是利用燃料燃烧的热能转换为机械能的热力发动机(图2-1)。

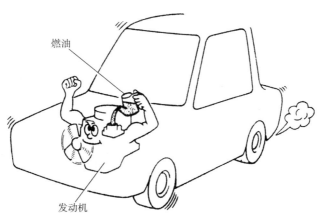

图 2-1　将燃料的热能转化为机械能

　　热力发动机又可分为外燃机和内燃机。燃料燃烧的热能通过其他介质转变为机械能的称为外燃机,如蒸汽机;燃料燃烧的热能直接转变为机械能的称为内燃机,如汽油机和柴油机。

往复活塞式内燃机在现代汽车发动机占统治地位,其中主要为汽油机和柴油机。本章所述也仅限于这两类发动机。

第一节 发动机工作原理和总体结构

一 发动机的工作原理

1. 单缸发动机的一般结构

图 2-2 所示为单缸发动机的基本结构示意图。

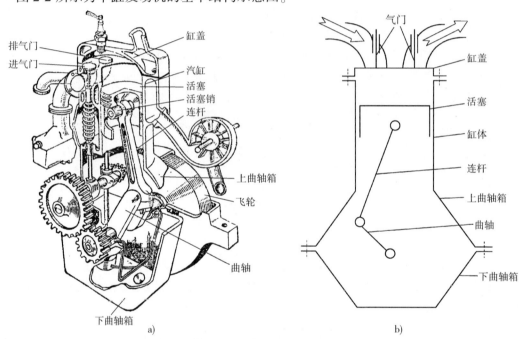

图 2-2 单缸发动机基本结构示意图
a)单缸机结构;b)单缸机基本结构示意图

发动机上部为汽缸盖,下部为汽缸体和曲轴箱。汽缸体内装有活塞,活塞通过活塞销、连杆与曲轴相连,活塞在汽缸内做往复直线运动,通过连杆推动曲轴转动。为了吸入新鲜气体和排出废气,设有进气门和排气门。

2. 基本术语

为了便于研究发动机的工作原理,图 2-3 给出了发动机能量转换机构的最基本组成、运动关系和一些基本术语。

如图 2-3 所示,当活塞距曲轴回转中心最远处时,为活塞最高位置,称为上止点。当活塞距曲轴回转中心最近处时,为活塞最低位置,称为下止点。上、下止点之间的距离 $S(\mathrm{mm})$ 称为活塞行程。曲轴与连杆下端的连接中心到曲轴回转中心的距离 R 称曲柄半径,显然 $S=2R$。当活塞处于上止点时,活塞上部的空间容积称为燃烧室容积,用 $V_c(\mathrm{L})$ 表示;当活塞处于下止点时,活塞上部的空间容积称为汽缸总容积,用 V_a(L)表示;活塞从一个止点运动到另一个止点的过程称为行程,在一个行程中活塞所扫过的空间容积称为汽缸工作容积,用 V_h(L)表示。V_c、V_a 和 V_h 三者之间的关系为:

$$V_a = V_h + V_c$$

其中:

$$V_h = \frac{\pi \cdot D^2}{4 \times 10^6} \cdot S$$

式中:D——汽缸直径,mm。

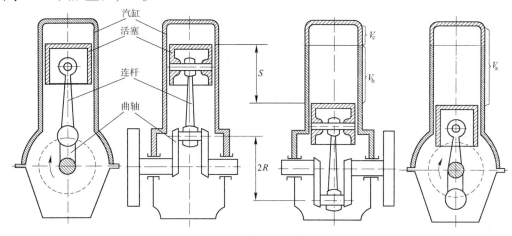

图 2-3 发动机基本术语示意图

汽缸总容积与燃烧室容积之比称为压缩比,用 ε 表示。即:

$$\varepsilon = \frac{V_a}{V_c} = 1 + \frac{V_h}{V_c}$$

压缩比越大,表示在压缩过程中汽缸内气体被压缩的程度越大,则压缩终了时汽缸内气体的压力和温度越高。

多缸发动机所有汽缸工作容积总和称为排量,用 V_L 表示。用 i 表示发动机缸数,则:

$$V_L = V_h \cdot i$$

3. 发动机的简单工作原理

发动机为了持续工作,不断地输出动力,需要反复依次进行"进气—压缩—做功—排气"四个连续过程才能实现,每进行一次这样的连续过程就称为一个工作循环。

活塞往复四个行程完成一个工作循环的,称为四冲程发动机;活塞往复两个行程完成一个工作循环的,称为二冲程发动机。

1)四冲程汽油机的工作原理

四冲程汽油发动的工作原理如图 2-4 所示。

(1)进气行程:在此行程中,活塞由上止点运动到下止点,进气门开启,排气门关闭,曲轴旋转 180°。

当活塞由上止点向下止点运动时,汽缸内部的压力下降,将汽油和空气的混合气经进气门吸入汽缸,由于存在进气阻力,当活塞到达下止点时,汽缸内的压力低于大气压。

(2)压缩行程:在此行程中,活塞由下止点运动到上止点,进、排气门均关闭,曲轴旋转180°。

当活塞由下止点向上止点运动时,汽缸内的混合气温度压力不断上升,使其易于点燃。较大的压缩比有利于提高发动机的动力性和经济性,但压缩比过高,易造成发动机工作不正常。常见汽油机的压缩比为7～10。

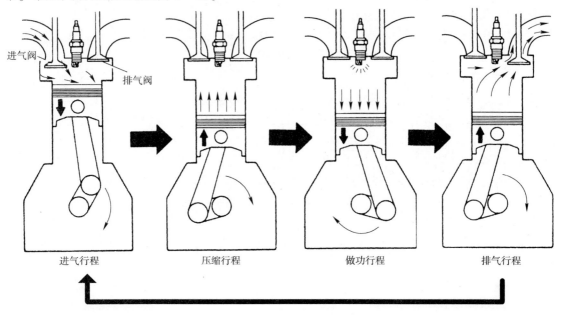

图2-4 四冲程汽油发动工作原理

(3)做功行程:在此行程中,进气门、排气门均关闭,活塞由上止点运动到下止点,曲轴旋转180°。

在压缩行程活塞达到上止点之前,火花塞点燃混合气,在混合气燃烧产生的高压作用下,活塞由上止点被推向下止点而产生动力。汽缸内最高瞬时压力可达为3～5MPa。

(4)排气行程:在此行程中,活塞由下止点运动到上止点,进气门关闭,排气门打开,曲轴旋转180°。

在活塞由下止点向上止点运动时,燃烧的废气被排出。当活塞到达排气上止点时,由于燃烧室容积的存在,汽缸内还有少量废气,其压力也因排气阻力而高于大气压。此时,活塞又恢复到进气行程初始状态,这样,发动机汽缸完成了一个工作循环。

四冲程汽油机的工作过程可用表2-1表示。

四冲程汽油机工作循环简表　　　　　　　　　　表2-1

工作过程	活塞运动	进气门状态	排气门状态	曲轴转角	气体压力
进气行程	↓	开	关	180°	低于大气压①
压缩行程	↑	关	关	180°	—
做功行程	↓	关	关	180°	3～5MPa②
排气行程	↑	关	开	180°	高于大气压③

注:①、③:指进气行程、排气行程终了时的压力;
　　②:指做功行程最高瞬时压力。

综上所述,四冲程汽油机完成一个工作循环,曲轴旋转两周,活塞往复运动4次,进排气门各开闭一次。只有做功行程产生动力,其他3个行程是为做功行程做准备的,发动机起动的最初工作循环需靠外力转动曲轴来实现。

2)四冲程柴油机工作特点

四冲程柴油机和四冲程汽油机的工作原理基本相同,也是由进气、压缩、做功和排气四个行程组成,其活塞、连杆、曲轴等主要机件的运动方式也完全相同,其主要的不同点在于:

(1)着火方式不同:汽油机是依靠火花塞点燃可燃混合气,而柴油机是依靠压缩终了的压力、温度使混合气自燃。

由于是压燃,柴油机的压缩比远大于汽油机,使得柴油机的经济性也远高于汽油机。

(2)混合气的形成方式不同:大多数汽油机的混合气是在汽缸外部开始形成的,而进入柴油机汽缸的是纯空气,柴油则是在压缩行程后期被直接喷入汽缸,与汽缸内的空气混合,即柴油机的混合气是在缸内形成的。

4. 多缸发动机的结构和工作

由上述单缸发动机的工作循环可知,单缸发动机只有在做功过程中产生动力,其他三个过程都要消耗动力。为维持发动机的运转,需要配备一个很大的飞轮,即使如此,发动机运转仍不平稳,再加上单缸机的其他缺点,使其在汽车上的使用受到很大限制。

汽车上实际应用的是多缸发动机,它是由若干个单缸所组成,以一定的形式排列在机体上,并共用一根曲轴输出动力。其汽缸的排列形式决定了发动机的外形尺寸和结构特点,也同汽车总体布置相关。

汽缸的排列形式主要有直列式、V形和水平对置式,如图2-5所示。其中常用的为两种:直列式,多用于6缸以下的发动机;V形,多用于6缸以上的发动机。

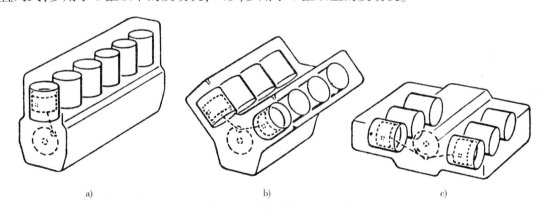

图 2-5 汽缸的排列形式
a) 直列式; b) V形; c) 水平对置式

对于四冲程多缸发动机,曲轴每旋转两周,各缸均完成一个工作循环,做一次功。为了使发动机运转平稳,相邻工作两缸的做功间隔角应尽量均衡,即发动机的做功间隔角为:

$$\theta = 720°/i$$

多缸发动机的各缸做功发生的顺序,也称为发动机的工作顺序或发火顺序,图2-6a)、b)、c)给出了直列4、6缸和8缸发动机的工作顺序。可以看出,4缸发动机从理论上讲做功过程已经连续;6缸、8缸发动机已出现做功重叠。缸数越多做功重叠越多,发动机运转也越平稳。

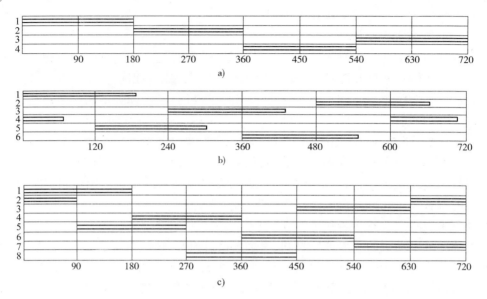

图 2-6　多缸发动机发火顺序和作功重叠示意图
a)4缸,工作顺序 1→2→4→3;b)6缸,工作顺序 1→5→3→6→2→4;c)8缸,工作顺序 1→5→4→8→6→3→7→2

二　发动机的总体结构和编号规则

1. 发动机的总体结构

现代汽车发动机是一部由许多机构和系统组成的复杂机器,其结构形式多种多样,具体构造更是千差万别;但由于发动机工作原理基本相同,故其基本结构也大同小异。汽油机通常由两大机构和五大系统组成,柴油机通常由两大机构和四大系统组成。

1)曲柄连杆机构

曲柄连杆机构主要由汽缸体、汽缸盖、活塞、连杆、曲轴和飞轮等组成,其功用是将可燃混合气燃烧时产生的热能转化成机械能并输出给底盘。

2)配气机构

配气机构主要由气门、推杆、挺柱、凸轮轴、摇臂及凸轮轴正时齿轮等组成。它的作用是按照发动机配气定时的要求,使新鲜可燃混合气及时充入汽缸,并使燃烧后的废气得以及时排出。

3)燃油供给系统

燃油供给系统的作用是根据发动机不同工况的要求,配制出一定数量和浓度的可燃混合气,适时供入汽缸燃烧做功。

柴油机燃油供给系统主要由油箱、输油泵、燃油滤清器、喷油泵、喷油器、进气管、排气管和排气消声器组成。

汽油机喷射式燃油供给系统主要由油箱、电子燃油泵、压力调节器、喷油器、空气流量计、电控单元(ECU)、各种传感器、执行器及排气管、排气消声器等组成。

4）润滑系统

润滑系统主要由机油泵、机油滤清器、限压阀、油底壳等组成。它的作用是将润滑油不断供给运动件的摩擦表面,以减小它们之间的摩擦和磨损,清洗摩擦面并部分冷却摩擦表面。

5）冷却系统

冷却系统主要由散热器、风扇、水泵、节温器、缸体和缸盖内的水套等组成。它的作用是使发动机在最适宜的温度范围工作。

6）点火系统

点火系统的作用是根据发动机点火次序的要求,及时点燃汽缸中被压缩的混合气。点火系统又分为传统点火系统和电子点火系统。

传统点火系统主要由供给低压电流的蓄电池和发电机、将低压电流转变为高压电流的断电器和点火线圈,以及分电器、高压导线、火花塞等组成。

7）起动系统

起动系统主要由起动机及其附属装置组成。它的作用是使静止的发动机起动,并转入自运行状态。

汽车用汽油机一般由上述两个机构和五个系统组成。

对于汽车用柴油机,由于其着火方式为自燃,所以柴油机没有点火系统。因此,柴油机由两个机构和四个系统组成。

2. 国产内燃机编号规则

《内燃机产品名称和型号编制规则》(GB/T 725—2008)规定内燃机型号由以下四部分组成。

第一部分:由制造厂商代号或系列符号组成,部分代号由制造商根据需要选择相应1-3位字母组成。

第二部分:由汽缸数、汽缸布置形式符号、冲程形式符号、缸径符号组成。

(1)汽缸数用1-2位数字表示;

(2)汽缸布置形式符号按表2-2中规定;

汽缸布置形式符号　　　　表2-2

符　号	含　　义	符　号	含　　义
无符号	多缸直列及单缸	H	H形
V	V形	X	X形
P	卧式		

注:其他布置形式符号见 GB/T 1883.1—2005。

(3)冲程形式为四冲程时符号省略,二冲程用 E 表示;

(4)缸径符号一般用缸径或缸径行程数字表示,宜可用发动机排量或功率数表示,其单位由制造商自定。

第三部分:由结构特征符号、用途特征符号组成。其符号分别按表2-3、表2-4中规定。

结 构 特 征 符 号　　　　　　　　　　表2-3

符　号	结构特征	符　号	结构特征
无符号	冷却液冷却	Z	增压
F	风冷	ZL	增压中冷
N	凝气冷却	DZ	可倒转
S	十字头式		

用 途 特 征 符 号　　　　　　　　　　表2-4

符　号	用　途	符　号	用　途
无符号	通用型及固定动力(或制造商自定)	D	发动机组
T	拖拉机	C	船用主机、右机基本型
M	摩托车	CZ	船用主机、左机基本型
G	工程机械	Y	农用三轮车(或其他农用车)
Q	汽车	L	林业机械
J	铁路机车		

注:内燃机左机和右机的定义按 GB/T 726—1994 的规定。

第四部分:区分符号,同系列产品需要区分时,允许制造商选用适当符号表示。第三部分与第四部分可用-分隔。

型号编制示例:

(1)柴油机型号。

①G12V190ZLD——12 缸,V 形,四冲程,缸径 190mm,冷却液冷却,增压中冷,发电用。

②R175A——单缸,四冲程,缸径 75mm,冷却液冷却。

③MAN D2066——Diesel(柴油机),缸径 120mm,发动机行程 160mm,6 缸。

(2)汽油机型号。

①IE65F——单缸,二冲程,缸径 65mm,风冷,通用型。

②492Q——四缸,直列,四冲程,缸径 92mm,冷却液冷却,汽车用。

③SQRE4G16—— 奇瑞直列 4 缸双顶置凸轮轴,1.6L 排量。

*三　四冲程柴油机及二冲程发动机工作循环

1. 四冲程柴油机工作循环

如前所述,四冲程柴油机与四冲程汽油机的工作循环基本相同,但由于柴油和汽油的性质不同,使得柴油机混合气的形成方式、着火方式等与汽油机有很大区别。下面主要叙述柴油机与汽油机工作循环的不同之处。图 2-7 所示为单缸四冲程柴油机工作循环示意图。

1)进气行程

进气行程如图 2-7a)所示。它不同于汽油机的是进入汽缸的不是可燃混合气,而是纯空气。

2)压缩行程

压缩行程如图 2-7b)所示。不同于汽油机的是压缩的为纯空气,由于柴油机的压缩比一般为 15~22,远大于汽油机的压缩比,故其压缩终了的温度和压力也高于汽油机。

3)做功行程

做功行程如图 2-7c)所示。此行程与汽油机相差很大,在柴油机压缩行程末期,喷油泵将高压柴油经喷油器呈雾状喷入汽缸,并迅速蒸发、汽化,与汽缸内的高温气体形成混合气。由于此时汽缸内的温度远高于柴油的自然温度(约230℃),混合气便立即自行着火燃烧,此后一段时间内边喷油边燃烧,汽缸内的温度压力急剧上升,推动活塞下行做功。柴油机燃烧的最高瞬时压力可达 5~10MPa。

4)排气行程

排气行程如图 2-7d)所示。与汽油机基本相同,排气终了的压力高于大气压。

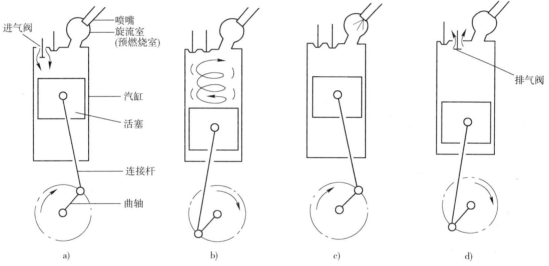

图 2-7 单缸四冲程柴油机工作循环示意图
a)进气行程;b)压缩行程;c)做功行程;d)排气行程

2. 二冲程发动机工作循环

1)二冲程汽油机工作循环

二冲程汽油机完成一个工作循环,活塞往复运动两次,也包括进气、压缩、做功和排气四个过程。图 2-8 为二冲程汽油机工作循环示意图,其工作循环如下。

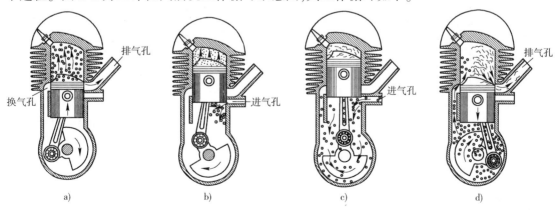

图 2-8 二冲程汽油机工作循环示意图

第一冲程:在曲轴旋转带动下,活塞由下止点向上止点运动,当活塞上行至关闭换气孔和排气孔时[图2-8a)],已进入汽缸的新鲜混合气开始被压缩,直至活塞到达上止点,压缩过程结束。

当活塞上行时,其下方曲轴箱内压力下降,形成一定的真空度,当进气孔开启时[图2-8b)],化油器供给的新鲜混合气在真空度作用下被吸入曲轴箱内。

第二冲程:当活塞接近上止点时[图2-8c)],火花塞产生电火花,点燃混合气,混合气燃烧产生高压,推动活塞从上止点向下止点运动。当活塞下行到关闭进气孔后,活塞下方曲轴箱内的可燃混合气被预压。

当活塞下行到排气孔开启时[图2-8d)],部分燃烧后的废气依靠自身压力经排气孔排出,紧接着换气孔开启,曲轴箱内经过预压的可燃混合气经换气孔进入汽缸,并扫除汽缸内的废气,这一过程称为换气过程,它一直延续到下一行程活塞再次关闭换气孔和排气孔为止。

由上可知,第一冲程活塞上方进行换气、压缩,活塞下方进行进气;第二冲程活塞上方进行做功、换气,活塞下方为预压缩。换气过程纵跨两个冲程。

排气孔的位置应保证使做功过程约为活塞全行程的2/3,它稍高于换气孔,以便做功过程结束时靠汽缸内气体的剩余压力排气。这既有利于排气干净,也可使汽缸内压力降低,便于从换气孔进入新鲜空气。

活塞顶制成特殊形状,将新鲜混合气引向上部,这样既可以防止新鲜混合气被大量地混入废气,并随废气一起排出汽缸造成浪费,又可驱除废气,使排气更为彻底。但是尽管如此,要完全避免可燃混合气的损失也是不可能的。

2) 二冲程柴油机工作循环

二冲程柴油机的工作循环与二冲程汽油机工作循环也有很多相似之处,所不同的主要是进入汽缸的不是可燃混合气,而是纯空气。图2-9为带有换气泵的二冲程柴油机工作循环示意图。新鲜空气由换气泵提高压力(为0.12~0.14MPa)后经汽缸外部的空气室和汽缸壁上的进气孔进入汽缸内,而废气则经由专设的排气门排出。

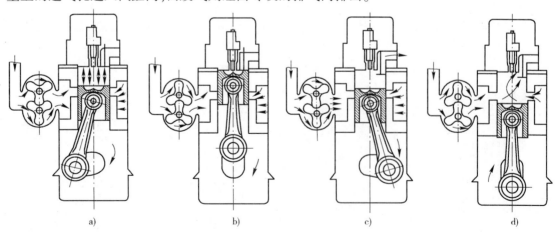

图2-9 二冲程柴油机工作循环示意图

第一冲程:活塞自下止点向上止点运动,冲程开始前,进气孔和排气门均已开启,由换气泵提高压力的空气进入汽缸进行换气[图2-9d)]。当活塞继续上移进气孔关闭,排气门也关闭时,开始压缩[图2-9a)]。当活塞接近上止点时,喷油器向汽缸内喷入雾状柴油并自行着火[图2-9b)]。

第二冲程:活塞到达上止点后,着火燃烧的高温高压气体推动活塞下行做功,活塞下行至2/3行程时,排气门开启,废气靠自身压力自由排出汽缸[图2-9c)],此后进气孔开启,进行与汽油机类似的换气过程。

当发动机的转速和工作容积及压缩比相同时,从理论上讲,二冲程发动机的功率为四冲程发动机的2倍,由于换气过程损失一部分能量和可燃混合气随废气排出等原因,实际上二冲程发动机的功率是四冲程发动机的1.5~1.6倍。

普通二冲程汽油机在换气时有混合气损失,所以经济性差,在大中型汽车上的运用受到了限制;但由于其结构简单、质量轻、制造费用低等优点,被摩托车和微型汽车等小排量发动机广泛采用。二冲程柴油机由于换气时进入汽缸的是纯空气,没有燃料损失,也为某些汽车所采用。

目前,国外很多轿车厂正在开发采用缸内高压燃油喷射技术的二冲程发动机。这类发动机可克服上述普通二冲程汽油机的缺点,有利于改善汽车燃油经济性,将会获得汽车消费者的认可。

第二节 曲柄连杆机构

一 概述

曲柄连杆机构是将燃料燃烧的生成的热能转化机械能的主要装置。其主要功用是在做功行程中,将作用在活塞顶上的燃气压力,通过连杆转化为曲轴的旋转运动,并对外输出动力;在其他行程中,又将曲轴的旋转运动转变为活塞的往复运动,为做功行程做准备。

曲柄连杆机构主要由以下3部分组成:

(1)汽缸体与曲轴箱组:主要包括汽缸盖、汽缸垫、汽缸体、上曲轴箱、下曲轴箱、汽缸套等不动件。

(2)活塞连杆组:主要包括活塞、活塞环、活塞销和连杆等运动件。

(3)曲轴飞轮组:主要包括曲轴、飞轮等旋转件。

二 曲柄连杆机构主要机件的基本结构和功用

1.汽缸体与曲轴箱组

汽缸体与曲轴箱组主要由汽缸盖、汽缸垫、汽缸体、上曲轴箱、下曲轴箱和汽缸套组成,它们是发动机其他零部件装配的基体。

1)汽缸盖与汽缸垫

汽缸盖的作用是密封汽缸,与活塞共同形成燃烧空间,并承受高温高压燃气的作用。汽缸盖承受气体压力和紧固汽缸螺栓所造成的机械负荷,同时还由于与高温燃气接触而承受很高的热负荷。为了保证汽缸的良好密封,汽缸盖既不能损坏,也不能变形。为此,汽缸盖应具有足够的强度和刚度。汽缸盖(图2-10a)的工作情况如下。

(1)汽缸盖受到高温高压燃气作用,承受很大的螺栓预紧力,导致机械应力大。

(2)汽缸盖结构复杂,温度场严重不均匀,导致热应力大,严重时会引起汽缸盖出现裂纹和整体变形。

汽缸盖的设计要求如下。

(1)有足够的刚度和强度,工作变形小,保证密封。

(2)合理布置燃烧室、气门、气道,保证发动机的工作性能。

(3)工艺性良好,温度场尽量均匀,减少热应力,避免热裂现象。

汽缸垫位于汽缸盖与汽缸体之间,又称汽缸床,如图2-10b)所示。其功用是填补汽缸体和汽缸盖之间的微观孔隙,保证结合面处有良好的密封性,进而保证燃烧室的密封,防止汽缸漏气和水套漏水。随着内燃机的不断强化,热负荷和机械负荷均不断增加,汽缸垫的密封性愈来愈重要。它对结构和材料的要求是:在高温高压和高腐蚀的燃气作用条件下具有足够的强度,耐热;不少损或变质,耐腐蚀;具有一定的弹性,能补偿结合面的不平度,以保证密封;使用寿命长。

a)   b)

图2-10 汽缸盖和汽缸垫

a)汽缸盖;b)汽缸垫

目前应用较多的有以下几种汽缸垫:

(1)一种是金属—石棉汽缸垫。这种石棉中间夹有金属丝或金属屑,且外覆铜皮或钢皮。这种钢垫厚度为1.2~2mm,有很好的弹性和耐热性,能反复使用,但强度较差,厚度和质量也不均匀。

(2)另一种采用实心金属片制成。这种衬垫多用在强化发动机上,在轿车和赛车上多采用这种。这种衬垫在需要密封的汽缸孔和水孔还有油孔周围冲压出一定高度的凸纹,利用凸纹的弹性变形来实现密封。

(3)此外还有中心用编制的钢丝网或有孔钢板为骨架,两边用石棉及橡胶黏结剂压成的汽缸盖衬垫。

2)汽缸体和上曲轴箱

一般水冷式发动机的汽缸体与上曲轴箱通常铸为一体,统称为汽缸体。大型风冷式柴油机的汽缸体与上曲轴箱是分体式的,用螺栓将两者装配为一体。汽缸体上铸有冷却水套,且与汽缸盖上的冷却水套相贯通,以冷却汽缸体、燃烧室、排气门等部件。汽缸体上还钻有润滑油孔,以便能够将润滑油输送到各需要润滑的部位。汽缸体内为活塞运动导向的圆柱形空腔称为汽缸,其下部即上曲轴箱,上曲轴箱下部设有支撑曲轴的座孔。

3)下曲轴箱

下曲轴箱也称油底壳,主要用来密封缸体下部,并储存机油。为保证发动机纵向倾斜时机油泵能正常地吸到机油,油底壳一般后部制作得较深,并在其最低处装有放油螺塞。有些放油螺塞带有磁性,可吸附润滑油中铁屑,以减少对发动机的磨损。由于油底壳受力很小,故一般用薄钢板冲压而成,如图 2-11 所示。

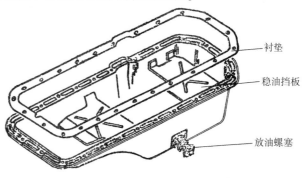

图 2-11　油底壳

2. 活塞连杆组

如图 2-12 所示,活塞连杆组主要由活塞、活塞环、活塞销和连杆组成。其作用是将混合气燃烧作用在活塞上的力,通过连杆传给曲轴,使曲轴转动。工作中,随连杆倾斜方向的变化,活塞压向缸壁的力(即侧压力)的方向也发生变化。

1)活塞

活塞的主要作用是与汽缸盖配合共同组成燃烧室,承受汽缸内的气体压力,并通过活塞销和连杆传给曲轴。

活塞通常要承受非常高的温度和压力,并且还必须长时间地承受高速运动,为保证其工作可靠,要求活塞具有足够的抵抗弹性变形和塑性变形的能力,质量要小,热膨胀要小,导热性好,耐磨,且与汽缸壁保持均匀的、合适的间隙。目前广泛采用铝合金制作活塞。

活塞的基本结构可以分为顶部、头部、裙部和销座 4 部分。汽油机顶部多采用平顶,柴油机顶部常制成各种形状的凹坑;活塞头部是指带有活塞环槽的部位,用来安装活塞环;活塞裙部主要是为活塞在汽缸中的运动导向,并承受侧压力;活塞销座用于安装活塞销。

2)活塞环

活塞环分为气环和油环。活塞头部一般开有 3~4 道切槽,其中上部的 2~3 道切槽用来安装气环,最下面的一道(或两道)切槽用来安装油环,油环槽底部沿圆周方向钻有许多径向回油孔。

气环的作用是密封活塞与汽缸壁之间的间隙,以防止气体窜入曲轴箱内,同时将活塞头部的热量传给汽缸壁。为保证气环的密封,活塞环具有一定的弹性,且在自由状态下,其外圆直径略大

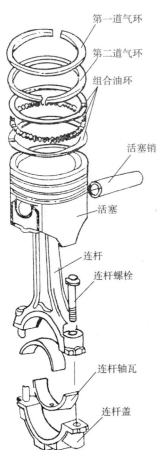

图 2-12　奥迪 100JW 发动机活塞连杆组

于汽缸直径。常见气环的断面形状如图 2-13 所示。

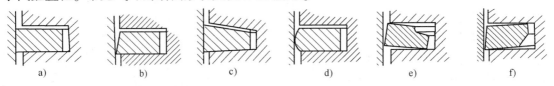

图 2-13 常见气环的断面形状
a)矩形环;b)、f)锥形环;c)梯形环;d)桶面环;e)扭曲环

　　油环的作用是在随活塞上下运动时,将汽缸壁上的多余机油刮下来,经回油孔流回油底壳,同时还起到为汽缸壁均匀布油的作用。目前发动机采用的油环有整体式和组合式两种,如图 2-14 所示。

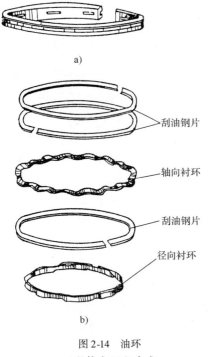

图 2-14 油环
a)整体式;b)组合式

3) 活塞销

活塞销的主要作用是将活塞和连杆小头连接在一起,把活塞承受的力传给连杆。

活塞销通常制成一个中空圆柱体。活塞销的连接方式可分为全浮式和半浮式。所谓全浮式连接是指在发动机正常工作温度时,活塞销与连杆小头和活塞销座孔两者之间都是间隙配合,货车发动机经常使用此种形式;所谓半浮式连接是指活塞销与连杆小头和活塞销座孔一处为间隙配合,另一处为过盈配合,轻型车和轿车发动机经常使用此种形式。全浮式连接的活塞销两端各有一个卡圈用于限制活塞销的轴向移动位置,半浮式则没有。

4) 连杆

连杆的作用是将活塞销传过来的力传给曲轴,使活塞的往复直线运动转变为曲轴的旋转运动。

连杆由连杆大头、杆身和连杆小头 3 部分组成,连杆小头与活塞销相连。对于全浮式活塞销,连杆小头内一般压入减摩青铜衬套;杆身断面形状为"工"字形,因连杆在工作中极易发生弯曲变形,所以这种结构可以很好地满足抗弯曲的要求,并且此种断面形状在满足同等抗弯要求时,需要的材料最少,质量最轻;连杆大头用来与曲轴的曲柄销相连,为了安装方便,通常将连杆大头制成剖分式,被分开的部分称为连杆盖,用特制的螺栓与连杆大头按规定力矩拧紧。因为连杆大头的孔是在与连杆盖装合在一起的情况下加工的,为了不改变加工精度和原有的配合,不但不能将别的连杆盖错装,还必须注意同一套连杆盖也不能翻转后安装。所以,不但在杆身侧面加工有配对标记,还在杆身和连杆盖端面加工了朝前标记。连杆大头和连杆盖内各装有一片轴瓦,轴瓦内表面通常用减摩合金制成。

3. 曲轴飞轮组

曲轴飞轮组主要由曲轴、飞轮、扭转减振器、皮带轮及正时齿轮等组成,如图 2-15 所示。

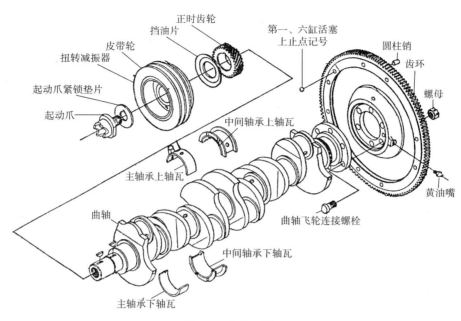

图 2-15　曲轴飞轮组

1）曲轴

曲轴的功用是承受连杆传递的力,由此形成绕其自身的力矩——转矩,并经过飞轮输出,如图 2-16 所示,曲轴主要由以下几部分组成:

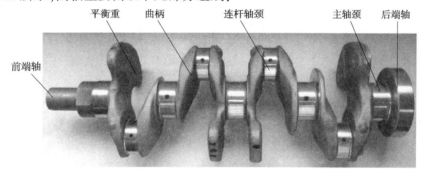

图 2-16　东风本田思域曲轴结构

(1) 曲轴的前端轴:也称为自由端,主要安装一些驱动其他部件运动的附件(如正时齿轮、皮带轮)以及起动爪、扭转减振器等。

(2) 若干个曲柄销和主轴颈:主轴颈支承于上曲轴箱相应的主轴承座孔上,曲柄销又称为连杆轴颈,与连杆大头相连;曲轴绕主轴颈的中心轴线旋转,曲轴上还钻有贯穿主轴颈、曲柄和连杆轴颈的油道,以便使主轴承内的润滑油流经此油道流至连杆轴颈。

(3) 曲柄:连接主轴颈与连杆轴颈的部分称为曲柄。一个连杆轴颈与其两端的主轴颈和曲柄构成一个曲拐。多缸发动机曲拐的布置与发动机的缸数和汽缸的工作顺序有关,发动机的工作顺序应尽量使曲拐在空间位置上对称,以使发动机运转时平稳。由于 4、6 缸曲轴结构沿长度方向对称,对于四缸发动机就有 1、4 缸或 2、3 缸同时到达上、下止点位置,对于六缸发动机就有 1、6 缸或 2、5 缸或 3、4 缸同时到达上、下止点位置。

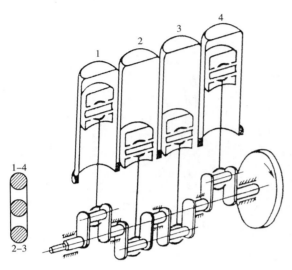

四冲程直列四缸发动机4个曲拐布置在同一平面内,如图2-17所示。做功间隔角为720°/4=120°。做功顺序有两种可能,即1→2→4→3或1→3→4→2。

四冲程直列六缸发动机的做功间隔角为720°/6=120°,做功顺序也有两种,第一种做功顺序为1→5→3→6→2→4,这种方案应用较为普遍,其曲拐布置如图2-18所示,另一种做作顺序为1→4→2→6→3→5,应用较少。

(4)平衡重:平衡重有的与曲轴制成一体,有的单独制成零件,再用螺栓装配在曲柄上,其作用是平衡连杆大头、连杆轴径和曲柄等产生的离心惯性力及其力矩,有时也

图2-17 四冲程直列四缸发动机曲拐布置简图

平衡活塞连杆组的往复惯性力及其力矩,以使发动机运转平稳。

(5)曲轴后端轴:也称为功率输出端,与飞轮相连。

由于曲轴的各道轴颈都有机油润滑,曲轴两端又探出曲轴箱外,为了防止漏油,曲轴的两端都有油封。

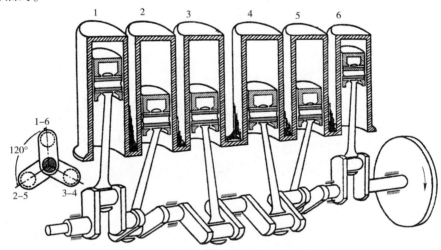

图2-18 直列六缸四冲程发动机曲拐布置简图

2)飞轮

飞轮的主要作用是:

(1)把发动机所做功的一小部分储存起来,用以在辅助行程时带动活塞越过上、下止点,并使曲轴运转均匀。

(2)靠飞轮外缘齿圈与起动机小齿轮啮合来起动发动机。

飞轮为一转动惯量很大的铸铁圆盘,外缘压有齿圈,为减小质量,增大惯量,将其制成外圈厚、里面薄,通常其上还刻有一缸上止点标记(图2-19),用于在调整点火正时和气门间隙时确定一缸上止点位置。

三 发动机局部拆装试验

1. 安全操作

1）工厂的危险物

在汽车维修厂中有许多危险物品，维修人员应能识别到这些危险物品，并遵守有关的安全条例、规定和措施，才能避免人员伤亡和财产损失。汽车维修厂的主要危险物有：

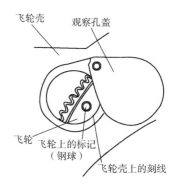

图 2-19　一缸上止点标记

(1) 易燃液体，如汽油和油漆，应妥善地管理和储存。

(2) 易燃材料，如浸过油的碎布、棉丝等，也必须妥善地储存，以免发生火灾。

(3) 蓄电池含有腐蚀性的硫酸溶液，并在充电时产生易爆炸的氢气。

(4) 电气设备和电灯的电线破损可能引起严重的电击事故。

(5) 危险性材料，如蓄电池电解液和冷热清洗槽中的腐蚀性清洗剂，必须妥善管理，应避免溅到皮肤特别是眼睛上，也要注意不要造成环境的污染。

(6) 在加工制动蹄片和离合器片时产生的石棉粉尘是致癌物。

(7) 汽车尾气中含有有毒的一氧化碳、氮氧化物、碳氢化合物等。

(8) 工厂中压缩空气系统的高压气体穿透力很强，工作中应加以注意。

(9) 肥大的工作服和松散的长发可能卷入机器或汽车的旋转零件中，造成严重伤害。

(10) 车间地面上的机油、润滑脂、废液或零件清洗液等可能使人滑倒，而导致严重的伤害。

2）维修中的安全注意事项

维修车间中室内照明条件要好，地面要保持清洁，保证通风良好，可燃液体应妥善保管，车间内不允许吸烟，正确地使用工具，养成一个安全工作的习惯及采取一定的预防措施，保证人身和财产的安全。

(1) 灭火器和急救箱等一定要放在醒目和容易拿到的地方。

(2) 当切割、钻孔、磨削和撬物体以及靠近蓄电池工作时，应戴上护目镜。若操作者已戴有眼镜，其镜片必须是硬玻璃制作的，才能对眼睛起到保护作用，否则，应在普通眼镜外面套上护目镜。

(3) 车下作业时，一定要使举升器处于锁止状态。在用千斤顶将车抬起时，接触地面的轮前后要塞三角木并拉上驻车制动器操纵杆。

(4) 使用任何化学品时，一定要保持良好的通风。

(5) 检修电气系统时，一定要拆下蓄电池负极电缆。

(6) 使用具有危险性的材料，如制动液、防冻液时，要按照工厂的说明书去操作。

(7) 工作服的口袋中不要装着工具，否则，有可能在撞击或摔倒的情况下伤害到身体。

(8) 当靠近汽油、清洁溶剂及蓄电池充电室时，切勿吸烟和明火作业。

(9) 不要用汽油洗手，最好用肥皂。

2. 常用工具及使用

1）扳手

(1) 开口扳手：用于松开和拧紧螺栓和螺母。选用的扳手应与螺母或螺栓的尺寸适合，如图2-20所示。

当用扳手松开或拧紧螺母或螺栓时,应使扳手朝自己怀中方向转动,这样,当工具滑脱时,可避免身体受伤害;因某些原因必须要推扳手时,应用手掌推,如图2-21所示(此点也适用于其他类似工具如梅花扳手、套筒扳手等)。

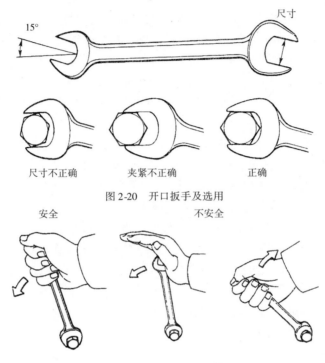

图2-20 开口扳手及选用

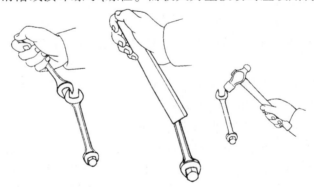

图2-21 开口扳手的安全使用

注意:不允许用其他工具放在扳手的开口使其加长,也不允许用锤子打击扳手(图2-22),否则,扳手易滑落或损坏螺母、螺栓。需较大力量扳动时应改用梅花扳手。

图2-22 开口扳手的不正确使用

(2)梅花扳手:梅花扳手(图2-23)在6个面上同时接触螺母或螺栓,因此,使用时不易脱落,更加安全,当需要大的拧紧力或松开力时,应选用它。

使用梅花扳手必须与螺栓或螺母的周边完全贴合,并确保扳手端部与螺母或螺栓头部呈水平,如图2-24所示。

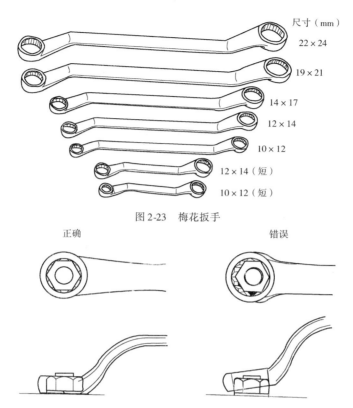

图 2-23 梅花扳手

图 2-24 梅花扳手的正确使用

无论开口扳手还是梅花扳手,通常一个扳手两头有着不同尺寸的端头,可以拆装不同尺寸的螺栓,而且一套工具中,有两个扳手上具有可拆装同一个尺寸螺栓的端头,如:一把扳手两端分别标着15、17,另一把扳手两端分别标着17、19,当需要拆装尺寸为17的螺栓时,用标有17、19的扳手会因扳手加长而较省力。

(3)套筒扳手:使用套筒扳手时,需要与不同形式的手柄和连接杆相组合,可安全快速地在操作空间小或位置难于接近的地方松动或拧紧螺栓,如图2-25所示。

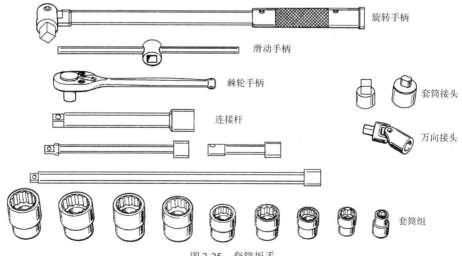

图 2-25 套筒扳手

（4）活动扳手：活动扳手可适当地调节开口夹爪，以适应不同尺寸的螺母和螺栓（图2-24），一般在没有适当尺寸的开口扳手或需要较大拧紧力的情况下才使用。

使用时夹爪开口必须调整应与螺栓或螺母配合精确，且转动活动扳手应使负荷作用在固定爪端（图2-26）。

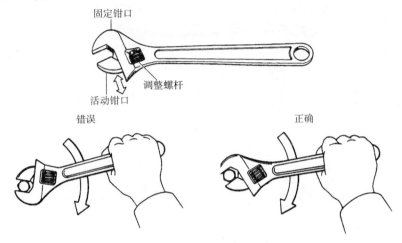

图 2-26　活动扳手及使用

（5）力矩扳手：力矩扳手（图2-27）与套筒扳手组合，主要用于有拧紧力矩要求的螺栓或螺母的拧紧，一般先用普通扳手初步拧紧，然后再用力矩扳手按规定力矩拧紧。

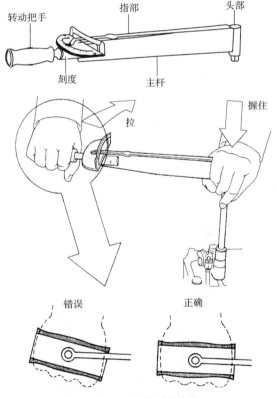

图 2-27　力矩扳手及使用

为防止套筒扳手滑脱,正确的操作方法是:用左手向下握住扳手,右手握住手柄朝自己怀内转动。

2)螺丝刀

螺丝刀又称为起子或改锥,是用来松动或拧紧螺钉的,按顶端形状可分为一字螺丝刀、十字螺丝刀和套筒式螺丝刀,如图2-28所示。

使用时,应选用适当形式和大小的螺丝刀,并使螺丝刀垂直于螺钉,如图2-29所示。加力式螺丝刀常用于需要较大的推动力处,如在翘动曲轴以检查曲轴轴向窜量时应使用。

3)手锤

手锤主要是用来将零件推入或取出。为防止敲击时毁坏零件,可选用软头型锤头,各种手锤如图2-30所示。使用时,应握住锤头末端,不允许握在中间位置,敲击物体时要平直,否则,锤头表面很容易形成蘑菇状。使用手锤前,必须首先确认锤头与锤柄连接可靠。

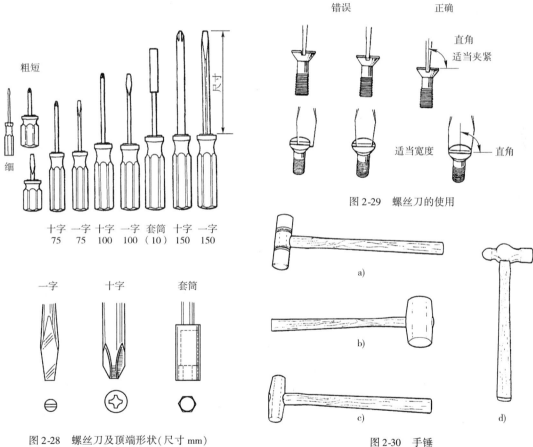

图2-28 螺丝刀及顶端形状(尺寸mm)

图2-29 螺丝刀的使用

图2-30 手锤
a)塑料锤头;b)橡胶锤头;c)铜锤头;d)球形端锤头

3. 现场教学

1)内容

现场教学的内容为发动机局部拆装。

2)目的与要求

(1)初步学习工具的使用与选用。

(2) 观察汽缸盖、油底壳结构。
(3) 转动曲轴,观察活塞连杆组的运动,注意沿曲轴长度方向对称缸的活塞位置。
(4) 拆一套活塞连杆组件(教师做)。
(5) 装缸盖前观察并比较进、排气门直径的大小。
(6) 装合汽缸盖,观察摇臂与摇臂轴(教师简介)。
(7) 装复气门室罩、油底壳(注意指导学生使用工具的方法)。
(8) 清理工具与工位(注意培养学生文明的操作习惯)。
3) 教学组织
将学生分成若干组,让学生动手拆装,缸盖、油底壳,活塞连杆组拆装由教师演示。拆缸盖前讲解缸盖螺栓的拆装要求。
4) 设备
整机若干台,工具若干套。

第三节 配 气 机 构

一、配气机构的功用、组成和常见结构形式

1. 配气机构的功用和组成

配气机构的作用是按照发动机各缸的工作循环和工作顺序的要求,定时地开启和关闭进、排气门,使新鲜混合气(汽油机)或新鲜空气(柴油机)充入汽缸,并使燃烧后的废气排出汽缸。进气过程和排气过程也合称为换气过程。

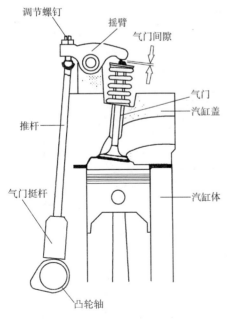

图 2-31 凸轮轴下置式配气机构

充入汽缸混合气或空气多少通常用充气系数(也称为充气效率)表示。充气系数是指实际进入汽缸的气体质量与在进气状态下充满汽缸工作容积的气体质量之比。充气效率越高,发动机功率越大。

发动机的配气机构由气门组和气门传动组组成。气门组的作用是用来封闭进、排气道;气门传动组用来打开气门,并控制气门的开启与关闭时刻和开启与关闭的规律。

图 2-31 是一种典型的凸轮轴下置式配气机构的布置形式,其气门组的主要组件有气门、气门座、气门锁片、气门弹簧、气门油封和气门导管等;气门传动组的主要组件有正时齿轮、凸轮轴、挺杆、推杆、摇臂及摇臂轴。

凸轮轴在转动过程中,当与凸轮轴制成一体的凸轮基圆部分与挺杆接触时,挺杆不升高。当凸轮的凸起部分与挺杆接触时,将挺杆顶起,挺杆通过推杆、调

整螺钉推动摇臂绕摇臂轴转动,摇臂的另一端向下推动气门,进一步压缩气门弹簧,使气门打开;当凸轮的凸起最高点与挺杆接触时,气门开启达到最大;当凸轮转过最高点之后,气门在气门弹簧的作用下,开始向上关闭,当凸轮凸起部分离开挺杆时,气门完全关闭。凸轮轴上的进、排气门凸轮,按一定的夹角和顺序排列,满足发动机工作循环和工作顺序的要求。

由上述工作过程可以看出,气门的开启是通过气门传动组的作用而完成的,而气门的关闭则是依靠气门弹簧来完成的。气门的开闭时刻与规律主要取决于凸轮的轮廓曲线。

凸轮轴是通过正时齿轮由曲轴驱动的。四冲程发动机完成一个工作循环,曲轴转两周,各缸进排气门应各开闭一次,即要求凸轮轴转一周,曲轴与凸轮轴的传动比为2∶1。

2. 配气机构的常见结构形式

现代汽车发动机的气门都头部向下倒挂于汽缸盖之上,气门开启时向下运动,即顶置气门式配气机构。顶置气门式配气机构按凸轮轴的位置又可分为凸轮轴上置式、凸轮轴中置式和凸轮轴下置式三种形式。凸轮轴的布置形式不同,凸轮轴的驱动方式也不尽相同。

1)凸轮轴下置式

凸轮轴下置式配气机构如图2-32所示。大多数货车和大中型客车发动机都采用这种形式。凸轮轴平行布置在曲轴的一侧,位置较曲轴略偏上。由于曲轴与凸轮轴位置靠近,只用一对正时齿轮传动,传动系统简单。

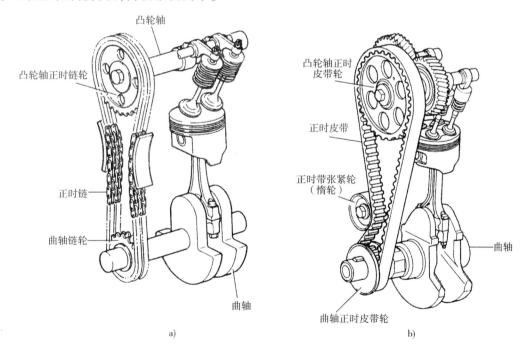

图2-32 凸轮轴上置式配气机构
a)链传动;b)正时皮带传动

2)凸轮轴上置式

有些发动机的凸轮轴布置在汽缸盖上,称为凸轮轴上置式配气机构,如图2-32所示。凸轮轴直接布置在缸盖上,与凸轮轴下置式配气机构相比,省去了推杆(有的还省去了挺杆),使系统中往复运动质量大大降低,减小了机件运动的往复惯性力,非常适合高速发动机,因此在轿车发动机上应用非常广泛。

由于凸轮轴远离曲轴,采用齿轮传动来驱动凸轮轴很不方便,因而一般采用链传动或正时皮带传动。

3) 凸轮轴中置式

某些转速较高的发动机,为减少气门传动组零件的往复惯性力,将下置式凸轮轴的位置抬高到缸体上部,以缩短传动零件的长度,这种布置形式的配气机构称为凸轮轴中置式配气机构,如图 2-33 所示。由于凸轮轴的位置距离曲轴较远,在正时齿轮之间加入一个中间传动齿轮,如图 2-34 所示。

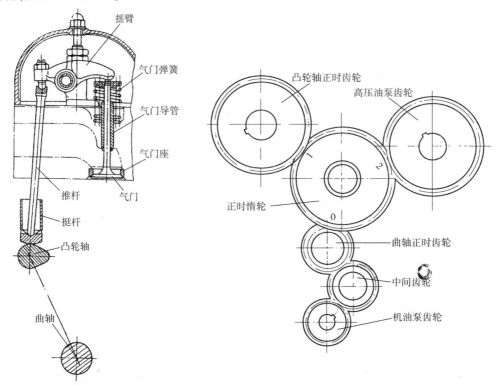

图 2-33 凸轮轴中置式配气机构　　图 2-34 正时齿轮传动与正时记号

二　主要机件的结构和功用

1. 凸轮轴

凸轮轴的结构如图 2-35 所示,主要由轴颈、偏心轮、螺旋齿轮和凸轮组成。凸轮分为进气凸轮和排气凸轮。它们用来驱动和控制气门的开启与关闭,轴颈通过凸轮轴轴承座孔装配在缸体或缸盖上。对于下置式凸轮轴来说,凸轮轴上的偏心齿轮用于驱动汽油泵,螺旋齿轮是用于驱动机油泵、分电器等附件的。凸轮轴的前端通过键与正时齿轮相连,由曲轴通过正时齿轮驱动。

凸轮是凸轮轴上的最重要的组成部分。在一定的气门间隙条件下,凸轮的轮廓外形曲线决定了气门的开闭时刻和开闭规律。一般发动机凸轮轴上的一个凸轮驱动一个气门。对于每缸一个进气门、一个排气门的发动机来说,凸轮轴上凸轮的数量是缸数的两倍。其中一半为进气凸轮,用以驱动进气门;另一半为排气凸轮,用以驱动排气门。

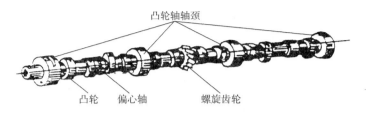

图 2-35 凸轮轴的结构

同一缸的进、排气凸轮称为异名凸轮,凸轮轴上各缸的进气凸轮(或排气凸轮)称为同名凸轮。四冲程发动机的排气行程和进气行程是相连的两个行程,如果气门不早开迟闭,从排气门开启到进气门开启,曲轴正好转过180°,反映到两异名凸轮间的夹角应为90°,由于气门是早开迟闭的,所以两异名凸轮间的夹角大于90°;从凸轮轴的前端看,各缸同名凸轮的相对角位置按发动机做功顺序逆凸轮轴旋转方向排列(图2-36),夹角为做功间隔角的1/2。如四缸发动机同名凸轮夹角为180°/2=90°,六缸发动机同名凸轮夹角为120°/2=60°。

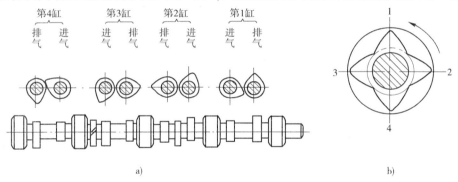

图 2-36 凸轮的排列及相对角位置
a)各凸轮的相对角位置图;b)进(或排)气凸轮投影

2. 挺杆、推杆及摇臂

1)挺杆

挺杆的主要功用是将凸轮的推力传给推杆或气门,由于挺杆在工作中底部与凸轮接触,接触应力和摩擦力较大,其材料常用碳钢、合金钢或者合金铸铁,并且采用特殊的结构措施,使挺杆在上下运动的同时,绕其中心轴线转动,以使挺杆和凸轮磨损均匀。

2)推杆

采用下置式凸轮的配气机构,其推杆的主要作用是将挺杆传来的力传给摇臂,推杆的结构如图2-37所示,推杆的下端常制成球形,与挺杆的凹球面配合,推杆的上端制成凹球形,与调节螺钉球形头部配合。

推杆较长,在承受压力时容易弯曲变形,因此采用硬铝制成的实心结构或用钢制成的空心结构。

3)摇臂

摇臂的功用是将推杆或凸轮传来的力改变方向,传递给气门,使其开启。普通摇臂的一

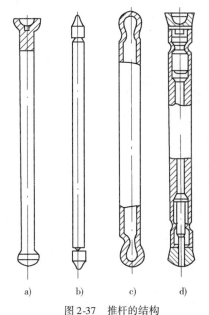

图 2-37 推杆的结构

般结构如图 2-38 所示。它是一个以中间轴孔为支点,两臂不等长的双臂杠杆,短的一端装有气门间隙调整螺钉及锁紧螺母,可用于调整气门间隙;长的一端有用以驱动气门的圆弧工作面。

3. 气门

气门是气门组的最主要元件,包括进气门和排气门。基本结构如图 2-39 所示,可分为头部和杆部两部分,头部用来封闭进排气道,杆部用来在气门开闭过程中起导向作用。

在同一台发动机上,往往可以通过气门头直径和气门工作锥角区别出哪个是进气门、哪个是排气门。

气门头部与气门座接触的工作面,是与杆身同心的锥面,此种结构有使气门落座时自动定位等优点。通常将这一锥面与气门顶平面的夹角称为气门锥角(图 2-39),常用的气门锥角为 30°和 45°。同样的气门升程,锥角小的气流通道截面较大,气体流动阻力小,但同时使气门边缘比较薄,容易变形。排气门因热负荷较大而采用 45°角,以加强散热和避免受热变形;进气门由于有进气气流冷却,热负荷较小,主要考虑提高进气量,采用 30°角。有些发动机为了制造和维护方便,进排气门采用同样的锥角(45°),这时进、排气门往往材料不同。

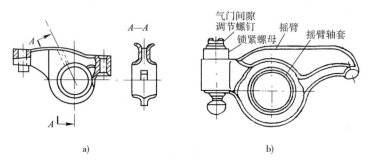

图 2-38 摇臂

气门头部直径越大,气门口通道截面就越大,进、排气阻力就越小。由于最大尺寸受燃烧室结构的限制,考虑到进气阻力比排气阻力对发动机性能的影响大得多,为尽量减小进气阻力,进气门的直径往往大于排气门。另外,排气门稍小些,还不易变形。

4. 气门弹簧

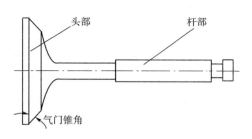

图 2-39 气门结构

气门弹簧位于汽缸盖和气门杆尾端弹簧座之间,其作用是使气门关闭时贴合严密,防止气门在发动机振动时跳动,破坏密封性。因此,气门弹簧要有足够的弹性和预紧力。为了防止弹簧因产生共振而折断,目前多采用双弹簧结构(图 2-40),即同心安装两根弹簧,外弹簧比较硬,内弹簧相对较软,且绕向相反,这样两根弹簧不会同时折断,当一根弹簧折断时,另一根还能继续维持工作。

5. 气门油封

适量的机油进入气门导管与气门杆之间的间隙对于气门杆的润滑是必要的。但如果进入的机油过多,将会在汽缸内造成积炭和在气门上产生沉积物。为此,有些发动机的进气门杆上部装有油封,图2-41为常见的几种油封的结构形式。

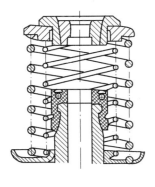

图2-40 气门弹簧

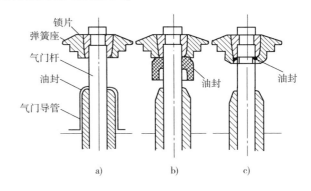

图2-41 气门油封

三 配气相位与正时标记

为了使发动机在换气过程中做到进气充分,排气彻底,以提高发动机充气系数,增加发动机功率,实际上进、排气门都是早开迟闭的。为描述方便,一般用曲轴转角来表示进、排气门开闭的时刻和气门持续开启的时间,即配气相位。它包括进气门早开角、进气门迟闭角、排气门早开角和排气门迟闭角。

由上述可知,进气门持续开启的角度和排气门持续开启的角度均大于180°,活塞在排气上止点附近时,进、排气门都打开,这种现象称为气门叠开。进、排气门同时开启所对应的曲轴转角称为气门叠开角。

对于不同的发动机,由于结构、转速各不相同,因而配气相位也不相同。合理的发动机配气相位是根据发动机的性能要求,通过反复实验而确定的,不允许改变。

气门按设定的时间开闭称为配气正时。凸轮轴是由曲轴驱动的,要求气门在活塞位于某处时打开,就要求活塞达到这个位置时,相应的凸轮刚好处于可以顶起挺杆的位置。这说明凸轮轴和曲轴装配时只能有唯一正确的相对位置。为保证装配的正确性,发动机上都设有装配记号即正时标记。因此,不论采用的是齿轮传动、链传动还是正时皮带传动,在装配曲轴和凸轮轴时,都要对齐正时标记。图2-42为两齿轮传动的正时标记。

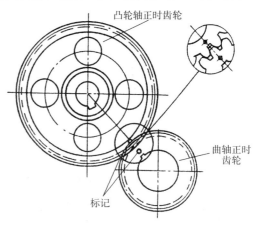

图2-42 正时齿轮及正时标记

四 气门间隙

在发动机热态时,气门杆因温度升高膨胀而伸长,由于气门传动组件都是刚性体,假如在冷态时各零件之间不留间隙,受热膨胀的气门就会使气门关闭不严而漏气,导致发动机动力性、经济性下降,甚至不能起动。

为了保证气门关闭严密,补偿气门受热后的膨胀量,在发动机冷态装配时,通常在气门杆尾端与气门传动组零件(摇臂、挺杆或凸轮)之间留有适当的间隙,这一间隙称为气门间隙,如图2-31所示。

气门间隙的大小应在适当范围,若气门间隙过大,会使气门开启持续时间减少,开启高度不足,因而导致进气量不足或排气不充分,而使发动机功率下降,同时还会伴有气门撞击响声。如果气门间隙过小,会使发动机温度升高后气门关闭不严,除动力性、经济性下降外,还可能烧蚀气门头部。

第四节 燃料供给系统

燃料供给系统是保证汽车发动机正常起动和正常运行的重要系统之一,在发动机工作中起到了关键性的作用。我们知道,如果发动机能够正常运行,即完成进气—压缩—做功—排气四个行程,其燃料燃烧是一个主要问题。燃料包括燃油和空气,根据发动机工况的需求,供给一定数量和一定浓度的可燃混合气,以保证发动机各个工况的正常运行。本节主要针对汽油机燃料供给系统进行介绍。

一 汽油机燃料供给系统

1. 汽油机燃料供给系统的作用

汽油机燃料供给系统的任务是根据发动机各种不同工况的要求,配制出一定数量和浓度的可燃混合气,供入汽缸,使之在临近压缩终了时点火燃烧而膨胀做功。最后,将燃烧产物即废气排入大气中,如图2-43所示。

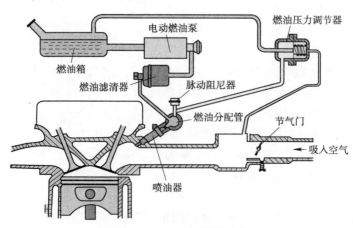

图2-43 汽油机燃料供给系统

2. 发展历程

在汽车工业发展的初期,汽油发动机均采用化油器形式的燃料供给系统,而柴油机均采用机械油泵和机械喷油器供油的方式。随着汽车技术的发展,目前这些形式已被电控燃料供给系统所取代,大大提高了对燃料的精确控制,从而提高了发动机的综合性能。为此,本节将重点对汽油发动机电控燃料供给系统进行介绍。

二 电控燃料供给系统的类型及特点

1. 汽油发动机燃料供给系统的类型

1) 按对进入汽缸空气量的检测方式分

(1) 直接检测型(简称 L 型)。

直接检测型的汽油喷射系统,采用空气流量计直接测量单位时间发动机吸入的空气量。然后,电控单元根据发动机的转速计算每一循环的空气量,并由此计算出循环基本喷油量。直接检测型包括体积流量方式和质量流量方式两种。

体积流量方式:利用翼片式空气流量计或卡门涡流式空气流量计,直接测量单位时间发动机吸入的空气体积流量。电控单元根据已测出的空气体积和发动机转速,然后计算出每一循环的进气空气体积流量,并进行大气压力和温度修正,再计算出循环基本喷油量。这种测量方式测量精度较高,有利于提高混合气空燃比的控制精度。但存在需要进行大气压力和温度修正等缺点。目前应用较少。

质量流量方式:如图 2-44 所示,利用热线式空气流量计或热膜式空气流量计,直接测量单位时间发动机吸入的空气质量流量。电控单元根据已测出的空气质量和发动机转速,然后计算出每一循环的进气空气质量流量,计算出循环基本喷油量。这种测量方式除测量精度高,响应速度快,结构紧凑外,由于其测出的是空气的质量,因此,不需要进行大气压力和温度修正。目前应用较广泛。

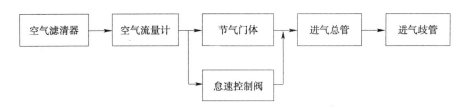

图 2-44 质量流量方式直接检测型

(2) 间接检测型(简称 D 型)。

如图 2-45 所示,在间接检测空气流量方式的汽油喷射系统中,利用进气歧管绝对压力传感器检测进气歧管内的绝对压力,电控单元根据进气歧管绝对压力和发动机转速,计算出发动机吸入的空气量,并由此计算出循环基本喷油量。这种方式测量方法简单,喷油量调整精度容易控制。但是由于进气歧管压力和进气量之间函数关系比较复杂,在过渡工况和采用废气再循环时,由于进气歧管内压力波动较大,因此,这些工况空气量测量的精度较低,需进行流量修正,对这些工况混合气空燃比精确控制造成不利影响。

图 2-45 间接检测型

2)按喷射位置分

(1)缸内喷射(GDI)。

如图 2-46 所示,将高压燃油直接喷到汽缸内。这种喷射技术使用特殊的喷油器,燃油喷雾效果更好,并可在缸内产生浓度渐变的分层混合气(从火花塞往外逐渐变稀)。因此可以用超稀的混合气(急速时可达 40∶1)工作,油耗和排放也远远低于普通汽油发动机。此外这种喷射方式使混合气体积和温度降低,爆震燃烧的倾向减小,发动机的压缩比可比进气道喷射时大大提高。比较典型的缸内喷射系统有大众和奥迪等车型发动机缸内喷射系统,应用较为广泛。

(2)进气管喷射(PFI)。

进气管喷射系统按喷油器的数量不同,又可分为单点喷射系统和多点喷射系统。

①单点燃油喷射系统(SPI)。单点燃油喷射系统是在节气门体上安装一个或两个喷油器,向进气歧管中喷射燃油形成可燃混合气。如图 2-47 所示,这种喷射系统又被称为节气门体燃油喷射系统或集中燃油喷射系统,对混合气的控制精度比较低,各个汽缸混合气的均匀性也较差,现已不再使用。

②多点燃油喷射系统(MPI)。多点燃油喷射系统在每一个汽缸的进气门前安装一个喷油器,如图 2-48 所示。喷油器喷射出燃油后,在进气门附近与空气混合形成可燃混合气,这种喷射系统能较好地保证各缸混合气总量和浓度的均匀性,应用广泛。

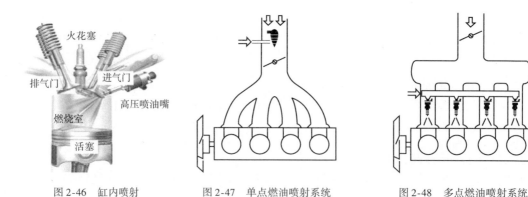

图 2-46 缸内喷射　　图 2-47 单点燃油喷射系统　　图 2-48 多点燃油喷射系统

3)按喷油器的喷射方式分

(1)连续喷射系统。

在每个汽缸口均安装一个机械喷油器,只要系统给它提供一定的压力,喷油器就会持续不断地喷射出燃油,其喷油量的多少不是取决于喷油器,而是取决于燃油分配器中燃油计量槽孔的开度及计量槽孔内外两端的压差。

(2)间歇喷射系统。

在发动机运转期间,间歇性地向进气歧管中喷油,其喷油量多少,取决于喷油器的开启时间,即发动机控制模块(ECU)发出的喷油脉冲宽度。这种燃油喷射方式广泛地应用于现代电控燃油喷射系统中。间歇喷射系统根据喷射时序不同,又可分为同时喷射、分组喷射和顺序喷射三种,目前顺序喷射应用广泛。

4)按燃油喷射系统的控制方式分

(1)机械控制式燃油喷射系统。

机械控制系统是利用机械机构实现燃油连续喷射的系统,由德国博世(Bosch)公司1967年研制成功,在早期的轿车上采用。

(2)机电结合式燃油喷射系统。

机电结合式燃油喷射系统是由机械机构与电子控制系统结合实现的燃油喷射系统,是在机械控制式的基础上改进而成,仍为连续喷射系统。

(3)电子控制式燃油喷射系统。

电子控制式燃油喷射系统(EFI)是由电控单元直接控制燃油喷射的系统,它能对空气和燃油精确计量,控制精度高,目前在汽车发动机上被广泛应用。

2. 电控汽油喷射系统的特点

(1)能提供发动机在各种运行工况下最佳的混合气浓度,使发动机在各种工况条件下保持最佳的动力性、经济性和排放性能。

(2)电控燃油喷射系统配用排放控制系统后,大大降低了HC、CO和NO_X三种有害气体的排放。

(3)增大了燃油的喷射压力,因此,雾化比较好;由于每个汽缸均安装一个喷油器(多点喷射系统),所以各缸的燃油分配比较均匀,有利于提高发动机运转的稳定性。

(4)当汽车在不同地区行驶时,对大气压力或外界环境温度变化引起的空气密度的变化,发动机电控单元(ECU)能及时准确地作出补偿。

(5)在汽车加减速行驶的过渡运转阶段,燃油控制系统能够迅速地作出反应,使汽车加速、减速性能更加良好。

(6)具有减速断油功能,既能降低排放,也能节省燃油。减速时,节气门关闭,发动机仍以高速运转,进入汽缸的空气量减少,进气歧管内的真空度增大。在化油器系统中,此时会使黏附于进气歧管壁面的燃油由于进气歧管内真空度骤升而蒸发后进入汽缸,使混合气变浓,燃烧不完全,排气中HC和CO的含量增加。而在电控燃油喷射发动机中,当节气门关闭而发动机转速超过预定转速时,喷油就会减少或停止,使排气中HC和CO的含量减少,降低燃油消耗。

(7)在进气系统中,由于没有像化油器那样的喉管部位,因而进气阻力减小。再加上进气管道的合理设计,就能充分利用吸入空气惯性的增压作用,增大充气量,提高发动机的输出功率,增加动力性。

(8)在发动机起动时,可以用发动机电控单元(ECU)计算出起动时所需的供油量,使发动机起动容易,暖机更快,暖机性能提高。

三 电控燃油供给系统的作用与组成

汽油发动机燃料供给系统主要由进气系统、燃油供给系统、电子控制系统组成(图2-49)。

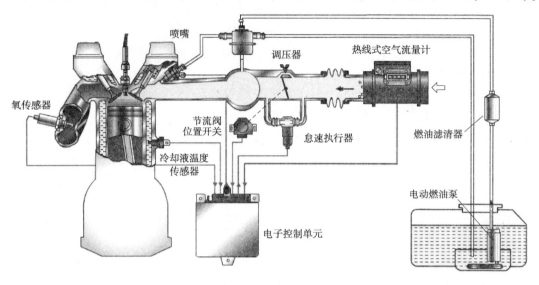

图2-49 电控燃油供给系统的组成

1. 进气系统的作用与组成

进气系统的作用是向发动机提供与负荷相适应的清洁的空气,同时测量和控制进入发动机汽缸的空气量,使它们在系统中与喷油器喷出的汽油形成空燃比符合要求的可燃混合气;同时于有限的汽缸容积中尽可能多地均匀地供气。

进气系统由空气滤清器、空气流量计或进气管绝对压力传感器、节气门体、怠速控制阀、进气总管、进气歧管等组成,如图2-50所示。发动机的进气系统不仅要对空气进行过滤、计量,为了增大进气量而提高发动机的功率,还必须对进气实施各种电子控制,因此,进气系统中除了安装有空气滤清器、节气门体、进气管外,还设置了许多传感器和执行器。

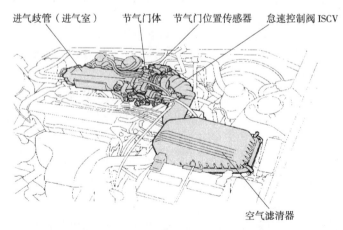

图2-50 进气系统的组成

1）空气滤清器

空气滤清器的作用是滤去空气中的尘土和砂粒，以减少汽缸、活塞和活塞环的磨损，延长发动机的使用寿命。

空气滤清器按滤清方式可分为惯性式、过滤式和综合式（前两种的综合）三种。目前，汽车发动机广泛采用纸质干式空气滤清器，它属于过滤式。这种滤清器具有结构简单、质量轻、成本低、使用方便、滤清效果高的优点。纸质干式滤清器滤清效率可达 99.5％ 以上，如图 2-51 所示。

2）空气流量计

空气流量计的作用是对进入汽缸的空气量进行直接计量，并把空气流量的信息输送到 ECU。它用在 L 型的发动机进气系统中，安装在空气滤清器与节气门体之间，如图 2-52 所示，作为电控燃油喷射系统的主控信号。

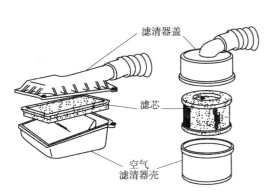

图 2-51 空气滤清器

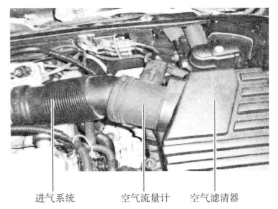

图 2-52 空气流量计安装位置

在 L 型电控汽油喷射发动机的发展历程中使用过翼片式、卡门旋涡式、热线式和热膜式等多种类型的空气流量计。翼片式、卡门旋涡式空气流量计检测空气的体积流量，需要对进气温度和大气压力作修正，已逐渐淘汰，目前应用较多的是热线式、热膜式空气流量计，它直接检测空气的质量流量，测量精度高。大众迈腾、帕萨特轿车 EA888 系列发动机均采用了热膜式空气流量计。

3）进气歧管绝对压力传感器

进气歧管绝对压力传感器用于 D 型的发动机进气系统中，它所起的作用和空气流量计相似。进气歧管绝对压力传感器根据发动机的负荷状态测出进气歧管内绝对压力的变化，并转换成电压信号，与转速信号一起输送到电控单元（ECU），作为燃油喷射和点火控制的主控信号。

进气歧管绝对压力传感器的安装位置较灵活，位于节气门体的后方，有的车型通过真空软管与进气总管连接；有的车型则将进气歧管绝对压力传感器直接安装在进气总管上，如图 2-53 所示。

图 2-53 进气歧管绝对压力传感器安装位置

进气歧管绝对压力传感器按工作原理可分为压阻效应式、电容式和电感式三种。压阻效应式传感器具有灵敏度高、尺寸小、成本低、动态响应和抗震性好的优点,从而得到了广泛的应用。

4) 节气门体

节气门体安装在空气流量计之后的进气管上,用以控制发动机正常运行工况下的进气量。

节气门体有两种形式,一种是机械式,依靠机械拉线进行控制进气量,主要由节气门和怠速空气道组成,在节气门体上还安装有节气门位置传感器、怠速控制阀等装置,如图2-54所示。另一种是电子式节气门,依靠电动机来驱动节气门的动作,本身具有怠速控制功能,同时节气门体上还有节气门位置传感器,如图2-55所示。

图2-54 节气门体　　　　　图2-55 节气门位置传感器

在发动机工作时,冷却液通过加热水管流经节气门体,以防止寒冷季节空气中的水分在节气门体上冻结,有些车型的节气门体上没有加热水管。

5) 进气温度传感器

电控汽油喷射系统中有两个温度传感器,即冷却液温度传感器和进气温度传感器。它们均采用负温度系数的热敏电阻作为传导元件。所谓负温度系数的热敏电阻,就是在允许的温度范围内,其电阻值随温度的升高而减小;而正温度系数的热敏电阻,其电阻值随温度的升高而增大。

进气温度传感器的作用是把进气温度转换为电信号并输入ECU,ECU根据此信号确定进气密度,并结合进气量传感器信号精确计算进气质量,从而控制喷油量。在采用叶片式、卡门旋涡式空气流量计和进气歧管绝对压力传感器进行进气量检测的发动机上,由于上述计量装置检测的是空气的体积流量,因而需要进气温度传感器确定进气密度,计算进气质量。

图2-56 进气温度传感器安装位置

进气温度传感器通常安装在空气滤清器之后的进气管上,还有的集成在进气歧管压力传感器或空气流量计上,以提高喷油量的控制精度,如图2-56所示。

6) 进气管

进气管的作用是较均匀地分配可燃混合气(汽油机)或空气(柴油机)到各汽缸中,对汽油机来说,进气管的另一作用是使可燃混合气和油膜继续得到汽化。

进气管有进气总管和进气歧管。

进气总管是指空气滤清器至进气歧管之间的管道。在电控燃油喷射式发动机的进气总管上,装有空气流量传感器(或进气压力传感器),以便对进入汽缸的空气进行计量。

为了提高发动机的充气效率,通常按有效利用进气压力的原理设计进气管的长度、形状和结构,其目的是:充分利用进气管内的空气动力效应,增加各种工况下的充气量,以提高发动机的动力性。空气动力效应是一种复杂的物理现象,为便于说明,可将其视为气流惯性效应与气流压力波动效应共同作用的结果。

进气歧管是指进气总管后向各汽缸分配空气的支管。进气歧管一般由铝合金或塑料铸造而成。进气歧管用螺栓固定在汽缸体或汽缸盖上,其接合面处装有衬垫,以防止漏气。

2. 燃油供给系统的作用与组成

汽油发动机燃油供给系统的作用是储存并滤清汽油,根据发动机各工况的要求,向发动机供给清洁的、具有适当压力并经精确计量的汽油。

汽油发动机燃油供给系统由汽油箱、电动燃油泵、燃油滤清器、燃油压力调节器、燃油分配管、喷油器等组成,如图2-57所示。

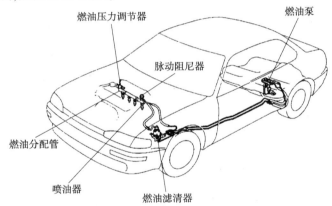

图2-57 汽油发动机燃油供给系统的组成

电动汽油泵将汽油从汽油箱中吸出并加压后,经汽油滤清器、燃油分配管输送到各喷油器,在ECU的控制下向各进气管中喷射,多余的汽油经燃油压力调节器流回油箱。其流程图如图2-58所示。

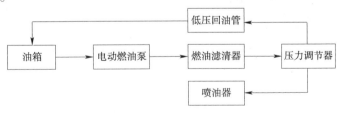

图2-58 燃油供给系统流程(一)

有些发动机的燃油供给系统采用了无回油管系统来减少燃油蒸发排放,将燃油滤清器、燃油压力调节器与燃油泵一体装入油箱,形成了单管路燃油系统,现今应用较为普遍,如图2-59所示。

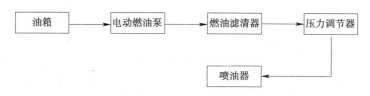

图 2-59　燃油供给系统流程(二)

1) 油箱

油箱的作用是储存燃油。其数目、容量、外形及安装位置都随车型而异,一般油箱的容量能使汽车行驶 400~600km。

油箱的构造如图 2-60 所示。货车油箱体是用薄钢板冲压焊成,内壁镀锌锡,以防腐蚀。油箱上部焊有加油管,管内带有可拉出的延伸管,其底部有滤网。进油管口由加油口盖盖住。油箱上面装有油面指示表传感器和出油开关。出油开关经输油管与汽油滤清器相通。油箱底部设有放油螺塞,用以排除油箱内的积水和污物。箱内装有隔板,用以减轻汽车行驶时燃料的激烈振荡。现代轿车油箱通常由耐油硬塑料制成,其外形结构随车内空间布置而有所不同。

2) 电动燃油泵

燃油泵的作用是将燃油从油箱中吸出,并以足够的泵油量和泵油压力向燃油系统供油。曾经在货车上采用过机械膜片式燃油泵,现代轿车则广泛采用电动燃油泵。

电动燃油泵常见的安装位置有两种,即油箱外置型和油箱内置型。油箱外置型电动燃油泵安装在油箱外,串联在输油管上;油箱内置型电动燃油泵安在油箱内部,浸泡在燃油里,这样可以防止产生气阻和燃油泄漏,且噪声小。目前大多数电控燃油喷射系统均采用油箱内置型电动燃油泵,如图 2-61 所示。

图 2-60　油箱的构造

图 2-61　电动燃油泵

3) 燃油滤清器

燃油滤清器的作用是滤除燃油中的水分和杂质,防止燃油系统堵塞,减小机械磨损,确保发动机稳定运行,提高可靠性。

燃油滤清器一般安装在电动汽油泵出油管与燃油分配管之间的供油管路上,也有些车型(如丰田威驰、锐志)采用无回油管系统,将燃油压力调节器、燃油滤清器与燃油泵一体装入汽油箱。

燃油滤清器阻塞会导致供油压力和供油不足,影响发动机的动力性,因此,要定期维护。燃油滤清器为一次性使用零件,一般每行驶 30000～40000km,或每两个二级维护作业周期更换一次燃油滤清器。若使用的燃油含杂质较多时应缩短更换周期,如图 2-62 所示。

4) 燃油压力调节器

燃油压力调节器的作用是根据进气歧管压力的变化来调节系统油压(即燃油分配管内油压),使两者的压力差保持恒定,一般为 250～300kPa。

喷油器的喷油量取决于喷油器的喷孔截面、喷油时间和喷油压差(即燃油分配管内的油压与进气歧管内的气体压力之差)。在 EFI 系统中,ECU 通过控制喷油器的喷油时间来实现对喷油量的控制。要保证燃油喷射量的精确控制,在喷油器的结构尺寸一定时,必须保持恒定的喷油压差,才能使喷油器喷出的燃油量唯一地取决于喷油器的开启时间。

由于进气歧管内的气体压力是随发动机转速和负荷的变化而变化的,要保持恒定的喷油压差,必须根据进气歧管内压力的变化来调节燃油压力。即进气歧管内的压力增高时,燃油压力也应相应增高;反之,则降低,如图 2-63 所示。

图 2-62 燃油滤清器

图 2-63 燃油压力调节器

5) 电磁式喷油器

喷油器是电控燃油喷射系统中一个重要的执行元件,其作用是在 ECU 的控制下,将汽油呈雾状定时定量喷入进气歧管内。

电控燃油喷射系统采用电磁式喷油器,按总体结构不同,可分为轴针式、球阀式和片阀式,目前常用的是轴针式喷油器。按照喷油器电磁线圈的电阻值不同,又可分为高阻(13～18Ω)喷油器和低阻(2～3Ω)喷油器。国内电控燃油喷射系统采用高阻喷油器,如桑塔纳 2000GSi 轿车 AJR 发动机的喷油器电磁线圈的电阻值为 15.9Ω±0.35Ω。缸内直喷发动机均为低阻型喷油器。按喷油器的控制方式不同,还可分为电压驱动式和电流驱动式。

缸外喷射形式的电控燃油喷射系统的喷油器安装在各进气歧管或进气道附近的缸盖上,并用燃油分配管固定,如图 2-64 所示。缸内直接喷射形式的电控燃油喷射系统的喷油器直接安装在缸盖上,并用燃油分配管固定,如图 2-65 所示。

3. 电子控制系统的作用与组成

ECU 的功用是采集和处理各种传感器的输入信号,根据发动机工作的要求(喷油脉宽、点火提前角等),进行控制决策的运算,并输出相应的控制信号。当前,电控发动机中除了控制喷油外,还控制点火、EGR、急速和增压发动机的废气阀等,由于共用一个 ECU 对发动机进行综合控制,所以也被称为发动机管理系统。

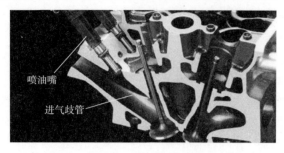

图 2-64　缸外喷射形式的喷油器安装位置

图 2-65　缸内直接喷射形式的喷油器安装位置

电子控制系统主要由输入回路、A/D 转换器、微型计算机和输出回路组成,其组成框图如图 2-66 所示,外形如图 2-67 所示。它们一起制作在一个金属盒内,固定在车内不易受到碰撞的部位,如仪表台下面或座椅下面等,具体安装位置依车而异。

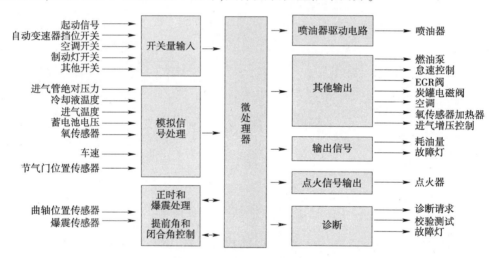

图 2-66　电子控制系统组成框图

1) 输入回路

发动机工作时,各种传感器的信号输入 ECU 后,首先进入输入回路进行处理。传感器输入的信号不同,处理的方法也不同,一般是先将输入信号滤除杂波和将正弦波转变为矩形波后,再转输入回路。

2) A/D 转换器

从传感器送来的信号有模拟信号和数字信号两种,而微型计算机只能处理数字信号,模拟信号须经过 A/D 转换器转换为数字信号后才能输入微型计算机。

图 2-67　电子控制系统外形

3) 微型计算机

微型计算机把各种传感器送来的信号用内存程序和数据进行运算处理,并把处理结果(如喷油器喷射信号、点火正时信号)送往输出回路。微型计算机主要由中央处理器(CPU)、存储器(ROM、RAM)、输入/输出接口(I/O)和总线组成。

(1)中央处理器。中央处理器主要由进行算术运算和逻辑运算的运算器、暂时存储数据的寄存器、按照程序在各装置之间完成信号传送及控制任务的控制器等组成,其功用是读出命令并执行数据处理任务。

(2)存储器。存储器的功用是存储信息资料,包括随机存储器 RAM 和只读存储器 ROM。

随机存储器 RAM,主要用来暂时存储计算机操作时的可变数据,如计算机输入、输出数据,计算过程中产生的中间数据、故障码、自学习修正数据等,当切断电源后 RAM 内部的存储信息将丢失。为了防止点火开关关闭后因电源被切断而造成数据丢失,RAM 通过微机后备电源电路与蓄电池相连,使 RAM 不受点火开关的控制。但后备电源电路断开或拆除蓄电池后,存入 RAM 的数据会自然丢失,因此,在车辆维修时如需拆除蓄电池必须先读取并记录计算机内所存信息。

只读存储器 ROM,只能读出不能写入,用来存储固定的数据,如电控系统中的一系列控制程序软件、喷油特性脉谱、点火控制特性脉谱以及其他特性数据等。这些信息资料一般都是在制造时由厂家一次性输入,使用中无法改变其内容,断电后数据信息不会丢失。

(3)输入/输出接口(I/O)。输入/输出接口 I/O 是微机与外界进行信息交流的纽带,在控制系统工作时,输入/输出接口根据 CPU 的命令,在 CPU 与输入回路和输出回路之间负责数据传送。

(4)总线。总线是微机内部传递信息的电路连线。

在单片机内部,CPU、ROM、RAM 与 I/O 接口之间的信息交换都是通过总线来实现。

4)输出回路

微机输出的数字信号电压很弱,不能直接驱动执行元件工作。作为微机与执行元件之间连接桥梁的输出回路,其主要作用就是将微机的处理结果放大,生成能控制执行元件工作的指令信号。

输出回路一般采用功率晶体管,根据微机的指令,通过导通或截止来控制执行元件的搭铁回路。

第五节 冷 却 系 统

一 冷却系统的功用和冷却方式

1. 冷却系统的功用

发动机在工作时,由于燃料的燃烧以及运动零件间的摩擦产生大量的热,使发动机的温度很高,特别是直接与高温燃烧气体(温度可达 1 800~2 000℃)接触的缸体、缸盖、活塞和气门等机件,在高温的作用下会因热膨胀而破坏正常的间隙,导致运动件运动受阻甚至卡死;各机件因高温而使机械强度降低甚至损坏,润滑油因高温而失去润滑作用等。因此,在发动机上必须设置冷却系统,以确保发动机正常工作。

发动机的冷却强度是否适当,对发动机的工作也有影响。当发动机因冷却不足而产生过热时,将导致汽缸充气量减少使发动机输出功率下降,经济性变差;对汽油机来说,还可能造成爆震和表面点火等不正常燃烧现象;此外,润滑油也会因过高的温度变稀,使机件磨损加剧。若冷却过度,发动机温度过低,一方面,会导致燃料不易蒸发,混合气质量变差,燃烧不完全,发动机功率下降,油耗增加;另一方面,汽缸内未汽化的燃油沿汽缸壁流入曲轴箱内,不仅冲刷了缸壁上的油膜,还稀释了润滑油,使机件的磨损加剧。

冷却系统的作用就是确保发动机在各种工况下工作时,得到适当的冷却,使发动机在最适宜的温度范围(冷却液温度 80~90℃)内工作。因此,发动机的冷却强度必须能够调节,以达到维持发动机在最适宜温度下工作的目的。

2. 发动机的冷却方式

发动机冷却系统有水冷和风冷两种基本方式。

1) 水冷却系统

水冷却系统是指将发动机高温机件的热传给冷却液,然后再散到大气中的装置。若循环靠冷却液自身的温度差产生的对流实现的,称为自然循环;若循环靠水泵产生的水压实现的,称为强制循环。现代汽车发动机的水冷系统都属于强制循环式水冷却系统。

2) 风冷却系统

风冷却系统是指将发动机的高温机件的热量直接散发到大气中的装置。在某些大型柴油机和小型汽油机上有所应用。

二 强制循环式水冷却系统的组成和水的循环路线

一般的强制循环式水冷却系统的组成如图 2-68 所示。水套是汽缸与汽缸体外壁之间和缸盖上下平面之间的夹层空间,在缸体和缸盖加工时直接铸造而成。缸体上平面和缸盖下平面的通水孔相互对应,使缸盖水套与缸体水套相通。正常情况下,水套内充满冷却液。水泵固定于发动机缸体前端面,由曲轴通过皮带驱动。水泵的出水口通过分水管与水套相连,分水管将冷却液分配给汽缸水套。散热器一般安装固定在发动机前端的支架上,通过橡胶软管和发动机缸盖上的水套出水口及水泵上的进水口相通。风扇位于散热器后面,可产生强大的抽吸力,以增大流经散热器的空气流量和流速,加强散热器的散热效果。节温器装于缸盖出水管出口处,可根据发动机冷却液温度,自动控制冷却液的循环路线,调节冷却强度。百叶窗安装于散热器前面,由驾驶人控制其开度,以控制流经散热器的空气量,也可实现冷却强度的调节。

此外,为了使驾驶人知道发动机冷却系统工作状况,还设有冷却液温度表。

节温器安装于缸盖出水管出口处,受冷却液的温度控制决定冷却液的循环路线,其工作示意图如图 2-69 所示。

当冷却液温度低于 76℃时,节温器将连接散热器的通道关闭,接通直接连接水泵的通道,使从发动机水套流出的冷却液直接流回水泵,进行下一次循环。这种循环路线较短,流量小,可使发动机冷却液温度迅速升高。通常把这种冷却液只在水套和水泵之间的循环称为小循环。其循环路线为:水泵→水套→旁通水道→水泵。

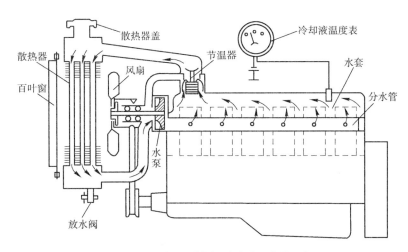

图 2-68　发动机强制循环式水冷系统的组成

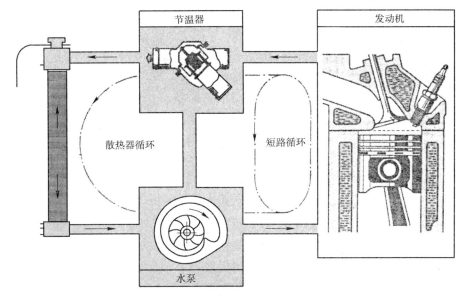

图 2-69　冷却水循环路线示意图

当冷却液温度高于 86℃ 时,节温器将连接散热器的通道接通,关闭直接连接水泵的通道,使从发动机水套流出的冷却液全部流经散热器,在散热器处与空气交换热量降低温度后,在水泵的抽吸作用下流回水泵,进行下一次再循环。这种循环路线较长,流量大,冷却强度大,可使冷却液温度降低或不致过高。通常把这种冷却液全部流经散热器的循环称为大循环。其循环路线为:水泵→水套→节温器主阀门→散热器→水泵。

当冷却水温度在 76～86℃ 之间时,节温器使两种循环都存在,称为混合循环。

三　主要机件的结构和工作原理

1. 水套

发动机的水套是汽缸和汽缸盖的双层壁所围成的空间,其间充满冷却液。在缸盖、缸体和缸垫上都有相应的水孔,使缸盖和缸体上的水套相通。水套各处应保证冷却液畅通和迅速循环,不能有存水的死角,并使循环水首先流经受热大的部位。

2. 水泵

强制循环式水冷却系统的水泵大都为离心式水泵,具有尺寸小、出水量大、结构简单等特点。它一般安装在汽缸体的前端上部或在汽缸盖前端,在大多数发动机上与风扇用皮带轮同轴驱动。某些发动机为了缩短总长度,并使汽缸前后冷却均匀,将水泵安装在汽缸的一侧,由与正时齿轮相啮合的齿轮和输出轴来驱动,冷却液由汽缸体的中部进入水套分向两侧。

离心式水泵的工作原理如图 2-70 所示。当叶轮旋转时,水泵中的水被叶轮推动一起旋转,在离心力的作用下向叶轮边缘甩出,经与叶轮成切线的出水口送入发动机的水套,叶轮中心处于一定的负压而将水从进水口吸入。

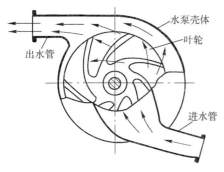

图 2-70 离心式水泵工作示意图

3. 散热器

散热器的作用是提供一个能使冷却液与空气进行充分热交换的场所,使冷却液得到一定程度的冷却,以保持发动机的正常温度。

散热器的结构如图 2-71 所示。它主要由上储水室、下储水室和散热芯组成。冷却液由顶部的加水口注入整个冷却系统。上、下储水室分别用软管与发动机汽缸盖上的出水管和水泵的进水管相连。工作中发动机水套内的热水经汽缸盖的出水管注入上储水室,经散热器芯的冷却管冷却后流到下储水室,再经水管被吸入水泵,压送到水套内,如此循环。在下储水室上装有放水开关。

散热器中冷却液的流动方式一般为上下直流式(图 2-72),也有的发动机(如上海桑塔纳轿车 JV 发动机)为了汽车整体布置的需要,采用左右横流式。

为加强散热效果,散热器的材料一般用导热性能好的黄铜或纯铜制成,近年来,铝材使用越来越多。另外,为了加大散热器芯的散热面积,在冷却管上横向排列焊接着散热片或散热带(图 2-72),同时也使散热器芯整体上更加牢靠。

4. 散热器盖

现代汽车发动机都采用闭式水冷系统,即用带有空气—蒸气阀的散热器盖将散热器内的冷却液与大气隔绝。

(1)蒸气阀:蒸气阀以较硬的弹簧压在加水口,只

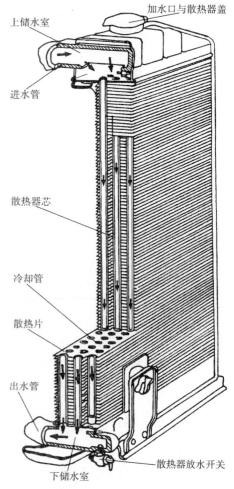

图 2-71 散热器的结构

有当散热器内因温度过高产生蒸气,使压力升高到一定值时(一般为 26~37kPa,有些轿车达 100kPa),蒸气阀打开,经蒸气排出管排出部分蒸气,以防压坏芯管,如图 2-73a)所示。

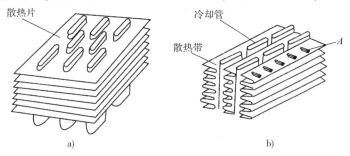

图 2-72 散热器芯
a)管片式；b)管带式

（2）空气阀:在蒸气阀的中央设有空气阀,以较软的弹簧压住,当散热器内因冷却液温度下降而产生的真空度到达一定值时(一般为 10~20kPa),空气阀被吸开,空气从蒸气放出口进入散热器内,以防挤扁芯管,如图 2-73b)所示。

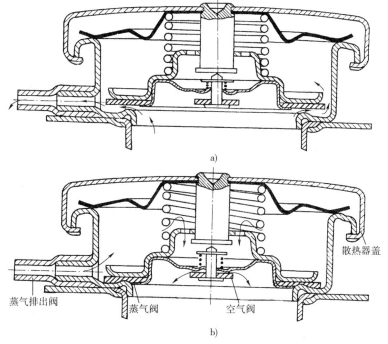

图 2-73 具有空气—蒸气阀的散热器盖
a)蒸气阀开启；b)空气阀开启

由于散热器内气压高于大气压,使冷却液的沸点变高(达 108~120℃),发动机在热态时,打开散热器盖应缓慢小心,以防止高温冷却液喷出,造成烫伤。

5. 节温器

目前,水冷发动机几乎全部采用蜡式节温器,其结构如图 2-74 所示。

节温器通过阀座压装在汽缸盖出水管和汽缸盖之间,上支架和下支架与其连成一体,中心杆固定在上支架的中心,并插在橡胶管的中心孔内。中心杆下端呈锥形,橡胶管与感应体中间的空间里装有石蜡。

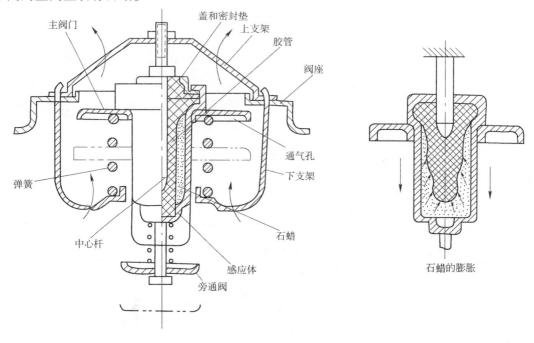

图2-74　蜡式节温器的结构

当冷却液温度低于76℃时,石蜡呈固态,主阀门在弹簧的作用下完全关闭,旁通阀处于最上端,冷却液经旁通阀座水道入口直接流回水泵[图2-75a)],即进行小循环。

当冷却液温度高于86℃时,感应体中的石蜡融化膨胀,使感应体沿中心杆向下运动,带动主阀门开启,同时,旁通阀下降到最低位置,将旁通管路堵死,这样冷却液只能经主阀门流向散热器[图2-75b)],即进行大循环。

当冷却液温度在76~86℃时,主阀门和旁通阀均开放,冷却液的大小循环同时存在,即混合循环。

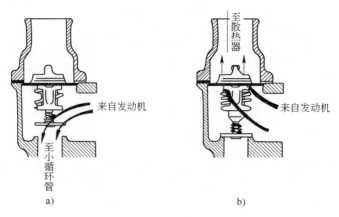

图2-75　蜡式节温器的工作原理
a)小循环；b)大循环

第六节 润滑系统

一 润滑系统的功用

发动机润滑系统的主要作用是：润滑、清洗、冷却、密封。

1. 润滑作用

润滑作用是润滑系统的基本作用，即将清洁的润滑油不断地输送到发动机各运动零件的工作表面，以便形成一定厚度的润滑油膜，起到减少机件的磨损和功率损耗的作用。

2. 清洗作用

清洗作用是通过润滑油的循环流动，将因摩擦而生成的金属微粒、吸入空气所带入的尘土及燃烧后出现的固体炭质从零件工作表面冲洗下来，以达到减少零件磨损的目的。

3. 冷却作用

当润滑油循环流经零件表面时，可带走一定的热量，保证发动机的正常工作。

4. 密封作用

在发动机的汽缸壁与活塞、活塞环之间，活塞环与环槽之间都留有一定的间隙，通过润滑油填满这些间隙，可以减少气体的泄漏，保证缸内应有的气体压力。

此外，润滑系统还有缓冲和防腐作用。在零件之间充有润滑油，可减缓零件之间的冲击振动，同时又可降低工作噪声。由于润滑油黏附在零件表面上，避免了零件与水、空气、燃气等物质的接触，起到防止或减少零件受化学侵蚀的作用。

二 润滑方式

发动机各运动副不同的工作条件，要求不同的润滑强度。按润滑强度的不同，发动机润滑主要采用以下几种方式。

1. 压力润滑

依靠将升压后的机油输送到运动零件表面进行润滑的方式。发动机上一些负荷大、相对速度高的零件如曲轴轴承、连杆轴轴承、凸轮轴轴承、摇臂轴（位置偏高）等部位采用压力润滑。

2. 飞溅润滑

依靠发动机某些运动零件（主要是曲轴和凸轮轴）飞溅起来的油滴和油雾对摩擦表面进行润滑的方式。发动机上对外露表面、负荷小的表面如凸轮、偏心轮、挺杆、活塞销、连杆小头等部位采用飞溅润滑。

为防止润滑油大量进入燃烧室，活塞与汽缸壁之间也采用飞溅润滑。

3. 定期润滑

依靠定期加注润滑脂进行润滑的方式。对一些分散的、负荷较小的部位如发动机水泵轴承、发电机、起动机及分电器总成等采用定期润滑。

目前，发动机润滑系统多采用压力润滑和飞溅润滑相结合的综合方式。定期润滑不属于润滑系统的范畴。

三 润滑系统的组成和润滑油路

1. 润滑系统的组成

一般发动机润滑系统大体相同,主要由下列装置组成。

(1)机油储存装置:即油底壳。在大多数发动机上,油底壳还起散热作用(有些发动机设有专门的冷却装置)。

(2)建立油压装置:即机油泵。

(3)机油输送装置:由部分油管和在发动机机体上加工的油道组成,其中,向其他各润滑部位输送润滑油的油道称为主油道。

(4)机油滤清装置:主要由机油集滤器、机油粗滤器和机油细滤器组成。一般机油粗滤器和机油细滤器并联。某些发动机使用将粗滤器、细滤器制成一体的复合式机油滤清器。

(5)安全和限压装置:由限压阀和旁通阀组成,用以限制主油道压力和防止因粗滤器堵塞而发生主油道供油中断现象。

(6)润滑系统监控装置:由机油压力表或机油压力指示灯、油温表等组成。

2. 发动机润滑油路

发动机润滑系统基本原理和一般组成大致相同,但不同发动机具体结构不同,因此,润滑系统中润滑线路也略有不同。润滑系统的基本油路为:油底壳→集滤器→机油泵→油滤器→主油道→发动机各润滑表面→油底壳,如图 2-76 所示。

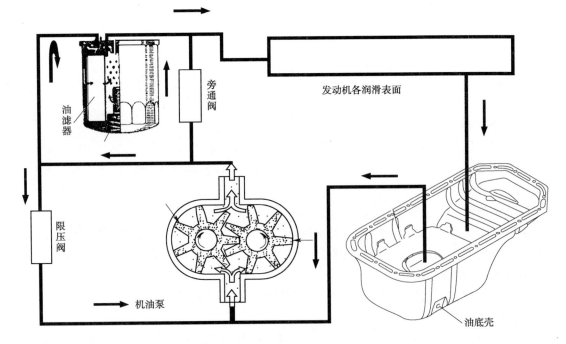

图 2-76 发动机润滑系统的基本油路

图 2-77 所示是一种应用实例。

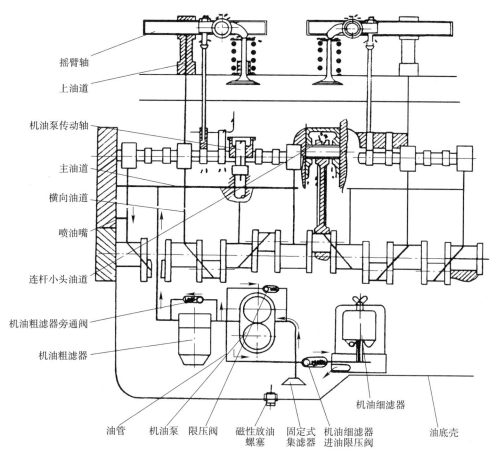

图 2-77　EQ1090 汽车发动机润滑油路示意图

四 润滑系统的主要机件

1. 机油泵

机油泵的主要作用是建立一定的机油压力并将机油输送到摩擦表面。常用的机油泵有齿轮式和转子式两种。

1）齿轮式机油泵

齿轮式机油泵的结构和工作原理如图 2-78 所示。

机油泵壳体内装有一对主、从动齿轮，它们与壳体内壁间隙很小，主动齿轮由凸轮轴上螺旋齿轮或曲轴前端齿轮驱动。发动机工作时齿轮按图中所示箭头方向旋转，进油腔中的润滑油被齿轮带到出油腔，使出油腔中的润滑油增多，导致出油腔内油压升高，润滑油经出油口输出，与此同时，由于进油腔中的润滑油减少，产生一定的真空吸力，机油通过进油口被吸入进油腔。

2）转子式机油泵

转子式机油泵工作原理如图 2-79 所示。内转子为主动

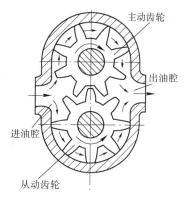

图 2-78　齿轮式机油泵的结构和工作原理

齿轮,其上有4个齿,外转子为从动齿轮,有5个齿。内、外转子是不同心转动,两者之间有一定的偏心距,但旋转方向相同。两齿轮的偏心距和齿形轮廓保证了内外转子无论在任何位置,各齿形之间总有接触点,这样内外转子形成了4个工作腔。由于外转子总是慢于内转子,这4个工作腔在旋转中,不但位置改变,容积大小也在改变。每个工作腔总是在容积最小时与壳体上的进油孔相通,随后容积逐渐变大形成真空,把机油吸进工作腔。当工作腔转到与出油孔相通时,容积又逐渐减小,油压因而升高,机油经出油孔压出。

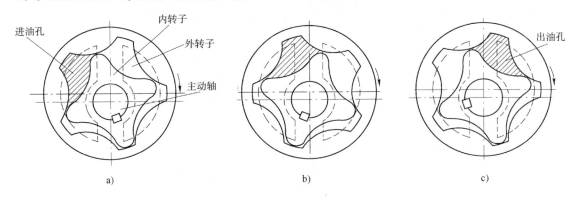

图2-79 转子式机油泵的工作原理
a)进油;b)压油;c)出油

2. 机油滤清器

机油滤清器的作用是滤除机油中的金属磨屑及胶质等杂质,保持润滑油的清洁,延长机油使用期限,保证发动机正常工作。

机油滤清器按过滤能力可分为集滤器、粗滤器和细滤器3种。

(1)机油集滤器:集滤器采用网式结构,安装于机油泵的进油管上。目前,汽车大多采用固定式集滤器,如图2-78所示,位于油面以下吸油。

(2)机油粗滤器:机油粗滤器串联于机油泵与主油道之间。机油粗滤器一般采用过滤式,其基本原理如图2-80所示,来自机油泵的90%左右的机油,进入到滤芯外的环形空间,在机油压力的作用下,通过滤芯,使得较大的杂质被挡在滤芯的外围不参与润滑。

为防止因机油粗滤器堵塞导致润滑油供油中断,在机油粗滤器上设有旁通阀,当机油粗滤器堵塞时,机油在油压的作用下顶开旁通阀,不经滤清直接流向主油道。

(3)机油细滤器:机油细滤器与主油道并联,来自机油泵的10%左右的机油,经细滤器过滤后,直接流回油底壳。目前,大多数发动机的细滤器为离心式细滤器,其基本工作原理如图2-81所示。机油压力低时,机油不能顶开进油限压阀,全部流经粗滤器,以保证发动机润滑。正常压力时,机油顶开进油限压阀由A口进入,经B口流入转子体内,经C口流入转子体中间油道,在油压的作用下,由E和F口高速喷出。由于两个喷口喷射方向相反,这样带动转子体高速转动,转子体内的机油杂质在离心力的作用下甩向四周,由C口流入的机油都是干净的。由E和F喷口喷出的机油经D口流出。

3. 限压阀

限压阀的作用是限制主油道的最高油压。限压阀一般安装在主油道的前端机体上或机油泵盖上,其基本工作原理如图2-82所示,当机油压力过高时,机油顶开柱塞或球阀,一部分机油直接流回油底壳或机油进油口。由于机油泵的供油量远大于发动机的需求量,发动机正常工作时此阀一直处于开启状态。

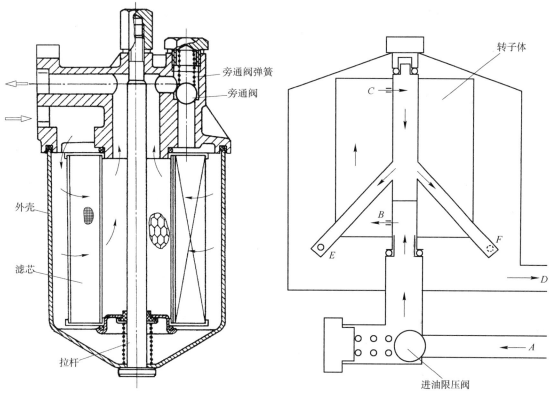

图 2-80　机油粗滤器工作原理

图 2-81　离心式机油细滤器基本工作原理示意图

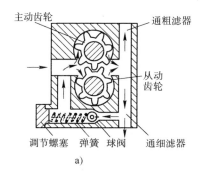
a)

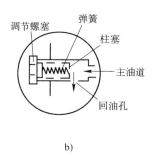
b)

图 2-82　限压阀

小　结

（1）发动机每完成一次进气、压缩、做功、排气的连续过程称为一个工作循环。活塞往复 4 次完成一个工作循环的称为四冲程发动机;活塞往复两次完成一个工作循环的称为二冲程发动机。汽车上广泛使用四冲程发动机。

(2)四冲程汽油机与柴油机工作循环的主要区别是:汽油机混合气在汽缸外形成,用电火花强制点燃;柴油机混合气在汽缸内形成,在高温作用下自行燃烧。

(3)汽油发动机由曲柄连杆机构、配气机构、燃料供给系统、润滑系统、冷却系统、起动系统和点火系统组成。柴油机没有点火系统。

(4)曲柄连杆机构是发动机将燃料燃烧产生的热能转化为机械能的主要装置,它主要由机体、活塞、连杆、曲轴、飞轮等组成。活塞做往复运动;曲轴做旋转运动。

(5)汽油机燃烧室由活塞顶和汽缸盖相应凹部空间组成,主要有楔形、盆形、半球形和屋脊形。四气门或五气门发动机使用屋脊形结构。

(6)活塞环有油环和气环两类。油环装在活塞的最下一道环槽。

(7)活塞销有全浮和半浮两种装配方式。轿车发动机上较多采用半浮式装配方式。

(8)4、6缸曲轴的结构沿长度方向对称,即四缸发动机1、4缸对称,2、3缸对称;六缸发动机1、6缸对称,2、5缸对称,3、4缸对称。所有对称缸的活塞同时到达上止点或下止点。

(9)为了防止缸盖的翘曲变形,紧固缸盖螺栓时必须从中间向四周分次逐步拧紧。

(10)大多数发动机在飞轮与飞轮壳上加工有一对标记,这对标记对正时表明一缸活塞在上止点位置。

(11)配气机构的作用是按照发动机工作循环和工作次序的要求控制进气和排气。气门位于汽缸上方,称为顶置气门。凸轮轴有上置、中置和下置3种。

(12)发动机在实际工作中无论进气门还是排气门都是早开迟关的,目的是使进气充分、排气彻底。

(13)为了确保配气正时,曲轴与凸轮轴之间有唯一正确的相对位置,安装时必须对正正时标记。

(14)可燃混合气的浓度可以用过量空气系数(α)或空燃比(A/F)表示。$\alpha = 1$ 或 $A/F = 14.7$ 的混合气称为理论混合气;$\alpha > 1$ 或 $A/F > 14.7$ 的混合气称为稀混合气;$\alpha < 1$ 或 $A/F < 14.7$ 的混合气称为浓混合气。

(15)汽油机燃料系统的主要作用是:根据发动机不同工况的要求配置不同浓度和数量的可燃混合气。理想状态下,随节气门开度的增大混合气浓度应由浓变稀再变浓。

(16)电控燃油喷射系统由空气供给、燃油供给和电子控制三部分组成。通过对空燃比的精确控制,使混合气浓度更好地满足发动机工况的要求,并有效地降低排放污染。

(17)冷却系统的作用是使发动机在适宜的温度范围(冷却液温度为80~90℃)工作。汽车上普遍使用强制循环式水冷却系统。

(18)发动机冷却强度可以通过百叶窗和节温器调节。百叶窗用于调节流过散热器的空气量;节温器通过控制冷却液的循环路线调节冷却液的散热量。

(19)润滑系统的主要作用是:润滑、冷却、清洗和密封。发动机采用压力润滑与飞溅润滑相结合的综合润滑方式。

(20)限压阀的作用是限制主油道的最高油压。限压阀通常装在机油泵进出油口之间或机体上主油道前端处。旁通阀的作用是防止粗滤器堵塞时主油道断油。旁通阀安装在粗滤器的进出油口之间。

复习思考题

一、简答题

1. 什么叫四冲程发动机,什么叫二冲程发动机?
2. 说明发动机的总体构造。
3. 多缸发动机的汽缸排列方式有哪些,常用的是什么?
4. 说明 EQ6100-1 的意义。
5. 说明四冲程汽油机和柴油机工作原理的主要区别。
6. 说明二冲程汽油机和柴油机的工作原理。
7. 曲柄连杆机构由哪几部分组成,各部分的功用是什么?
8. 汽油机常用的燃烧室形式有哪些?
9. 活塞连杆组由哪些部件组成,各部分主要功用是什么?
10. 活塞环分成哪两类,安装在何部位,有何作用?
11. 简要说明曲轴的基本结构。
12. 简述飞轮的基本作用。
13. 工厂中有哪些危险物?
14. 维修中的安全注意事项有哪些?
15. 简述电控燃油喷射系统的类型。
16. 什么叫空燃比?什么叫过量空气系数?
17. 简述汽油机燃料供给系统的作用与组成。
18. 简述汽油机电控燃油供给系统的工作原理。
19. 说明电控汽油喷射系统的基本组成和各部分的基本功用。
20. 冷却系统由哪些机件组成,其基本功用是什么?
21. 发动机冷却液温度过低或过高对发动机工作有何影响?
22. 什么叫冷却液的大循环,什么叫冷却液的小循环,简述发动机大、小循环路线。
23. 润滑系统的基本功用是什么?
24. 简要说明润滑油路。
25. 说明发动机的润滑方式。

二、选择题

1. 四冲程汽油机和四冲程柴油机相比较( )。
   A. 着火方式、混合气形成方式相同,主要机械运动方式不同
   B. 着火方式、混合气形成方式不同,主要机械运动方式相同
   C. 着火方式、混合气形成方式和主要机械运动方式都不同
   D. 着火方式、混合气形成方式和主要机械运动方式都相同
2. 若四缸发动机的排量为 1680mL,燃烧室容积为 70mL,则发动机的压缩比为( )。
   A. 6　　　　　　B. 7　　　　　　C. 8

3. 下面行程中,只有( )产生动力,其余行程为辅助行程。
   A. 进气行程　　　B. 压缩行程　　　C. 做功行程　　　D. 排气行程
4. 汽油机的燃油经济性与柴油机的燃油经济性相比( )。
   A. 汽油机的经济性好于柴油机　　　B. 柴油机的经济性好于汽油机
   C. 汽油机和柴油机的经济性相同　　　D. 无法比较
5. 在讨论柴油机工作原理时,下列叙述正确的为( )。
   A. 进入汽缸的为空气,混合气是在汽缸外部形成的
   B. 进入汽缸的为混合气,混合气是在汽缸外部形成的
   C. 进入汽缸的为空气,混合气是在汽缸内部形成的
   D. 进入汽缸的为混合气,混合气是在汽缸内部形成的
6. 讨论六缸发动机的做功间隔角时,甲认为是120°曲轴转角;乙认为是60°曲轴转角。你认为( )。
   A. 甲对　　　B. 乙对　　　C. 甲乙都对　　　D. 甲乙都不对
7. 在安装汽缸垫时,甲说有方向要求;乙说没有方向要求。你认为( )。
   A. 甲对　　　B. 乙对　　　C. 甲乙都对　　　D. 甲乙都不对
8. 在拧紧汽缸盖螺栓时( )。
   A. 有力矩要求,但无顺序要求　　　B. 有顺序要求,但无力矩要求
   C. 既有力矩要求,又有顺序要求　　　D. 既无力矩要求,也无顺序要求
9. 全浮式活塞销的两端( )。
   A. 一定有卡环　　　B. 一定无卡环　　　C. 不一定有卡环
10. 发动机飞轮上的记号为( )。
    A. 一缸压缩上止点记号　　　B. 一缸上止点记号　　　C. 配气正时记号
11. 使用扭力扳手时( )。
    A. 应使扭力扳手向自己怀内方向转动
    B. 应使扭力扳手向自己怀外侧方向转动
    C. 朝哪个方向转动均可
12. 在使用活动扳手时,应使负荷作用在( )。
    A. 开口钳口端　　　B. 固定钳口端　　　C. 任一钳口端即可
13. 甲认为在维修作业时应将长发塞进工作帽里,乙认为在蓄电池充电车间不可以吸烟,你认为( )。
    A. 甲对　　　B. 乙对　　　C. 甲乙都对　　　D. 甲乙都不对
14. 汽油发动机怠速时应供给( )。
    A. 少而稀的混合气　　　B. 多而稀的混合气
    C. 少而浓的混合气　　　D. 多而浓的混合气
15. 经济混合气是指( )的混合气。
    A. $\alpha = 0.85 \sim 0.95$　　　B. $\alpha = 1.05 \sim 1.15$　　　C. $\alpha = 1$
16. 甲认为汽油机电控燃油供给系统,提高了发动机的起动性能。乙认为汽油机电控燃油供给系统,提高了发动机的经济性和动力性。你认为( )。

A. 甲对 　　　　B. 乙对 　　　　C. 甲乙都对 　　　　D. 甲乙都不对

17. 在 L 型的电控燃油喷射系统中,用(　　)来检测进气量的多少。
　　A. 空气流量计 　　B. 进气压力传感器 　　C. 进气温度传感器

18. 甲认为进气温度传感器可以检测进气的温度。乙认为进气温度传感器可以单独安装在进气管上,也可以集成在进气压力传感器或空气流量计中。你认为(　　)。
　　A. 甲对 　　　　B. 乙对 　　　　C. 甲乙都对 　　　　D. 甲乙都不对

19. 甲认为电控燃油供给系统中,燃油泵是电动燃油泵,安装于油箱内。乙认为燃油压力一般为 0.2MPa。你认为(　　)。
　　A. 甲对 　　　　B. 乙对 　　　　C. 甲乙都对 　　　　D. 甲乙都不对

20. D 型汽油喷射系统(　　)。
　　A. 只有压力传感器,而无空气流量计　　B. 只有空气流量计,而无压力传感器
　　C. 既有压力传感器,又有空气流量计　　D. 既无压力传感器,又无空气流量计

21. 当散热器由于温度降低使其内部压力降低到一定值时,散热器盖上的(　　)。
　　A. 蒸气阀打开　　　　　　　　　　B. 空气阀打开
　　C. 蒸气阀和空气阀都打开　　　　　D. 两者都不打开

22. 根据冷却液温度可控制冷却液大、小循环的为(　　)。
　　A. 水泵 　　　B. 分水管 　　　C. 节温器 　　　D. 水套

23. 发动机润滑系统的润滑方式为(　　)。
　　A. 压力润滑 　　B. 飞溅润滑 　　C. 综合润滑

24. 机油粗滤器堵塞时,机油顶开旁通阀(　　)。
　　A. 直接流回油底壳 　　　B. 直接流向主油道 　　　C. 流向细滤器

25. 发动机正常工作时,限压阀处于(　　)。
　　A. 打开状态 　　B. 关闭状态 　　C. 不一定

第三章 汽车电气设备

> **学习目标**
> 1. 掌握常见汽车电气系统的特点及组成;
> 2. 掌握汽车电源系统、起动系统、点火系统的分类、组成及特点;
> 3. 说明发电机和起动机的工作原理及工作过程;
> 4. 了解汽车灯光系统、仪表及报警系统、辅助设备的组成、结构及其特点;
> 5. 了解电气系统的新产品、新技术,了解行业、企业汽车电气系统发展的新动向。

第一节 概 述

汽车电气设备作为汽车的重要组成部分,其性能好坏直接影响汽车的动力性、经济性、可靠性、安全性、舒适性以及排放等性能。因此,它也是现代汽车发展水平的一个重要标志,其科技含量已成为衡量现代汽车档次的重要指标之一。随着科技的发展,集成电路和微型电子计算机在汽车上的广泛应用,汽车电气设备的数量在增加,功率在增大,产品的质量、性能在提高,结构更趋于完善。

一 汽车电气系统的特点

1. 低压

采用低压电气系统的主要优点是安全,汽车电气系统的标称电压有12V和24V两种,汽油车普遍采用12V电气系统,而柴油车多采用24V电气系统。汽车上的用电设备额定运行端电压,对发电装置12V电气系统为14V,对24V电气系统为28V。

2. 直流

汽车电气系统采用直流是因为起动发动机的起动机为直流电动机,且其工作时必须由蓄电池供电,而蓄电池消耗电能后又必须用直流电来充电。

3. 单线制

汽车上的两个电源及用电设备都是并联的,受有关装置控制,熔断器均串联在电源和相应的用电设备之间。单线制是指从电源到用电设备只用一根电线连接的接线方式,该导线称为电源线;由金属部分(如车体和发动机等)作为另一根公共导线与电源负极相连,以构成电气回路。单线制具有节省导线、简化线路、方便安装检修、电器元件不需与车体绝缘等优点,因而得到广泛采用。但在个别情况下,为保证电气系统(特别是电子控制系统)工作的可靠性,也采用双线制。

4. 负极搭铁

采用单线制时,蓄电池的负极必须用导线接到车体上,称为负极搭铁,这是国家标准规定的,也是交流发电机正常工作的必要条件。负极搭铁具有对车架或车身的化学腐蚀较轻、对无线电干扰较小的特点。

5. 网络控制

由于汽车智能化的要求,多数用电设备的工作电流控制已不是由单一的开关信号控制,而大多是由具有一定逻辑关系的多个信号来控制的。这些控制构成一个网络,所以称为网络控制,即用电设备是否工作是由网络控制的。实现网络控制主要是引入了电脑(芯片),每个电脑是一个电控单元(ECU),它连接着特定部位的传感器,每个传感器提供一路信号。在各种用电设备的工作电流控制中有些信号是共用的,所以汽车上各个电控单元也要靠网络技术来连接。随着汽车电气技术的发展,拟人思维的功能控制需要的信号越来越多,满足的关系越来越复杂,网络结构也在不断发展。

二 汽车电气系统的组成

现代汽车所装备的电气系统,按其安装位置,可分为发动机电气系统和车身电气系统,如图3-1所示。汽油发动机电气系统包括电源系统、起动系统、点火系统、电控燃油喷射系统以及电子控制系统。车身电气系统主要由信号与仪表系统、照明系统以及辅助电气装置组成,其中,汽车的辅助电气装置包括空气调节器、刮水器、暖风防霜装置、配电用的各种开关、熔断器和导线、收录机以及电动车门玻璃升降器等。

图3-1 汽车电气系统示意图

第二节 发动机电气系统

一 电源系统

汽车不但在行驶时要用电,停车时也需要用电,电源系统的作用就是向车载用电设备提供电能。汽车电源系统主要包括蓄电池、发电机、调节器(有些装在发电机内部)、充电指示灯及点火开关,有些车上还装配有发电机蓄电池控制模块和蓄电池电流传感器。发动机电气系统的部件组成及安装位置如图3-2所示。

汽车电源系统中发电机为主电源,当发动机运转到一定转速后,交流发电机转速达到规定的发电转速,开始向有关电气设备供电,同时对蓄电池进行充电。蓄电池与发电机并联,是辅助电源,在汽车未运转时向有关电气设备供电,且为发动机提供起动电压,并在发电不足的情况下向用电设备供电。调节器的作用是使发电机的输出电压保持恒定。充电指示灯位于仪表板上,用于指示蓄电池的充放电状况。点火开关是由驾驶人控制的部件,用于控制点火系统的供电、发动机的起动和关闭,以及车辆其他电气系统的供电。

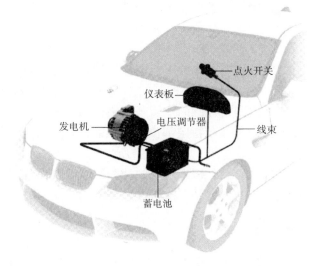

图 3-2　电源系统示意图

1. 蓄电池

蓄电池为可逆的直流电源,一旦接通外部负载或充电电路,便能开始其能量转换。放电过程中,蓄电池的化学能转变为电能;充电过程中,电能被转换成化学能。其外观如图 3-3 所示。

蓄电池的作用包括:当发动机停止运行时,给车辆附件提供电能;当发动机起动时,给起动机和点火装置提供电能;当发电量不能满足需要时,给电气系统提供电能;将发电机所输出的多余电能进行存储,即蓄电池充电,从而保证蓄电池有充足的电量。发动机低速运行时,发电机可能无法产生足够的电能。此时蓄电池作为"缓冲器"补偿发电机所不能提供的电能。补偿持续时间取决于蓄电池的容量、负荷及工作温度。当发动机以较高速度运行时,发电机输出电压较高,可以为电气系统提供足够的电能,并为蓄电池充电。

汽车上常用的蓄电池有普通蓄电池、干荷电式铅蓄电池、免维护蓄电池等。通常,蓄电池的结构包括:极板、隔板、电解液、外壳、蓄电池盖及极桩等部分,如图 3-4 所示。

图 3-3　车用蓄电池

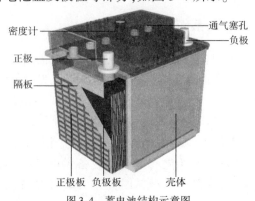

图 3-4　蓄电池结构示意图

2. 发电机

汽车上早期使用的是直流发电机(靠换向器将电枢绕组内感应的交流电转变为直流电,换向过程电刷与换向器之间产生火花引起换向器和电刷的烧蚀和磨损,且无线电干扰严重,不能适应现代高速发动机的要求),到20世纪60年代逐步被交流发电机取代。

交流发电机(与直流发电机相比)具有以下特点:

(1)体积小、质量轻、节约铜材。

(2)结构简单、工作可靠、维修方便、使用寿命长。

(3)发动机低速充电性能好(他激方式建立电动势)。

(4)无线电干扰小。

(5)配用的调节器结构简单(仅有电压调节器,本身具有限流和截流作用)。

在发动机运行期间,发电机是车辆电气系统的主要电源。发电机是把机械能转换为电能的一种机电装置,它能为蓄电池充电,并给车辆电气设备的运行提供电能。现在的大部分车辆使用的是交流发电机,但车辆的电气系统需要使用直流电,因而在发电机内部装有内置的整流器,将交流电转换为直流电,供车辆的电气系统使用,如图3-5所示。

汽车用交流发电机主要由定子、转子、电刷组件、整流器、调压器、前后端盖、风扇和皮带轮等部件组成,如图3-6所示。发电机利用电磁感应原理通过磁场旋转在线圈中产生感应电压,转动的电磁体被称为转子,而固定的绕组被称为定子,各部件的作用及组成如下。

图3-5 车用交流发电机

图3-6 发电机结构示意图

定子的作用是产生三相交流电,它由定子铁芯和三相定子绕组组成。定子铁芯由硅钢片压制而成,定子绕组多呈星形连接。当某一绕组短路时,平均输出电压就会降低。定子绕组的匝数影响输出电压的大小,匝数越多输出电压越高。

转子的作用是产生旋转的电磁场,转子由转子轴、爪极、集电环、转子铁芯和励磁绕组组成。提高转子转速能提高定子线圈穿越磁场的频率,从而提高输出电压。转子由发动机驱动,因而发动机的转速越高,发电机的输出电压就越高。

电刷组件由电刷(铜粉和石墨粉模压而成)、电刷架和电刷弹簧组成。电刷安装在电刷架的孔内,借弹簧张力与集电环保持接触,用于给发电机磁场绕组提供磁场电流。电刷组件的安装形式有外装式和内装式(拆装不便,已很少采用)两种。外装式可直接从发电机的外部拆装电刷;内装式必须将发电机拆开才能更换电刷。

整流器的功用是将三相交流电变换为直流电,一般由6只硅二极管和安装整流管的元件板(散热板)构成。由于车辆的电气系统使用直流电,因此必须采用二极管桥式电路(整流器)将发电机产生的交流电转变为直流电。二极管桥式电路是一组二极管的组合,二极管只能允许电流单向流过。

电压调节器的作用是根据发动机模块的控制指令来调节电压,保护蓄电池和车辆电气设备。当负载发生变化或发动机转速突然升高时,发电机调节器会限制最高输出电压,其根据来自PCM(或ECM)的控制信号,通过占空比的方式调节发电机的磁场电流,从而控制发电机的输出电压。

端盖分前端盖(驱动端盖)和后端盖(整流端盖),其作用是安装轴承和其他零部件,支承转子轴,封闭内部构件,用铝合金压铸或用砂模铸造而成,因为铝合金为非导磁材料,可减少漏磁,并具有轻便、散热性能好等优点。

二 起动系统

起动系统的任务是起动发动机组件,其主要包括蓄电池、起动机继电器、起动机、点火开关、发动机控制模块(ECM)及车身控制模块(BCM),如图3-7所示。

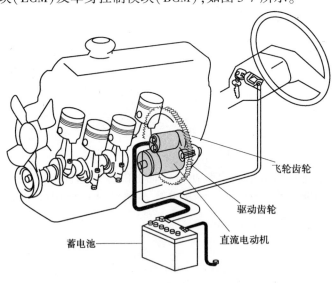

图 3-7 起动系统示意图

1. 起动机的分类

起动机作为起动系统的核心部件,其通过发动机挠性盘或飞轮带动曲轴,使之达到足够的转速以起动发动机。常见的电力起动机主要有以下三种:

(1)电磁控制强制啮合式起动机(常规起动机)。磁极采用电磁铁,传动机构中一般只是由简单的驱动齿轮、单向离合器和拨叉等组成,无特殊结构。

(2)永磁起动机。电动机的原理与常规起动机相同,但电动机的磁极用永磁材料制成,取消了磁场线圈,使其结构简化、体积小、质量小,目前应用最为广泛。

(3)减速起动机。减速起动机采用高速、小型和低力矩电动机,在传动机构中设有减速装置,可以放大输出转矩。质量和体积比普通起动机减小30%~35%,但结构比较复杂。

2. 起动机的结构

起动机的主要部件包括电磁开关、直流电动机和机械传动装置,如图3-8所示。

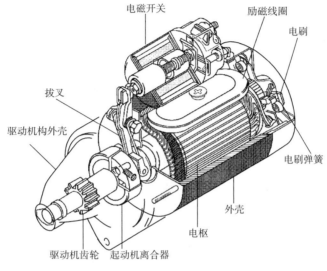

图3-8 起动机结构示意图

1)电磁开关

电磁开关的作用是用来接通或切断直流电动机与蓄电池之间的电路。电磁开关有两组线圈,即保持线圈和吸引线圈。在点火开关置于起动位置时,电磁线圈的电源被接通,在电磁力的作用下使活动铁芯克服弹簧力左移并带动推杆,推杆同时带动机械传动装置中的小齿轮与发动机挠性盘或飞轮啮合。当推杆移动行程终了时,电磁线圈主触点开关闭合,允许向起动机的磁场绕组提供电流。

2)机械传动装置

起动机机械传动装置由电枢和组装在电枢轴上的多个部件构成。电枢轴上装有辅助弹簧、单向离合器、止动器、扣环、推力环、小齿轮。虽然起动机使用的机械传动装置有多种类型,但是都利用小齿轮和挠性盘或飞轮啮合实现减速。利用机械传动装置上的小齿轮与发动机挠性盘或飞轮啮合,利用起动机的机械力驱动发动机。

3)直流电动机

直流电动机的工作原理是通电导体在磁场中会受电磁力的作用,直流电动机主要由定子、转子、电刷组件、换向器等组成。磁场绕组安装在壳体内的极靴上,两者共同组成直流电动机的定子,极靴的弯曲设计能减小磁场绕组与电枢之间的磁隙,从而获得最大磁力。转子又称为电枢,由一叠钢片压合而成,安装在钢轴上;电枢绕组安装在压合片槽内,绕组端与换向器相连。来自电磁线圈的电流经磁场绕组,流至电刷,并在电枢周围形成磁场。电流流过电枢绕组,在磁场绕组形成的磁场内部形成第二个磁场,该磁场迫使电枢带动机械传动装置旋转。电刷与换向器接触,为电枢绕组提供电流。

三 点火系统

点火系统是汽油发动机的重要组成部分,其任务是产生高压电火花,按发动机的工作顺序,在活塞接近压缩行程上止点时,点燃汽缸内的可燃混合气。点火系统的发展有一个演变过程,在这一过程中逐步提高了效率并简化了维护。

1. 传统点火系统

传统点火系统是在20世纪初期由查理·凯特灵发明,这是一个由蓄电池供电、断电器控制的触点点火系统。其工作原理是使用断电器触点作为开关装置来接通或者中断初级绕组的回路,进而为次级绕组提供感应高电压,生成能击穿火花塞间隙的电弧,如图3-9所示。

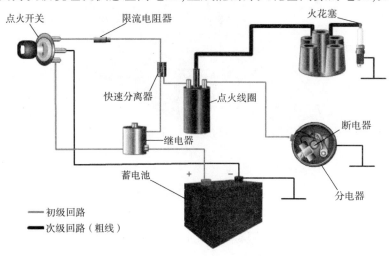

图3-9 传统点火系统示意图

传统点火系统由蓄电池、点火开关、点火线圈、断电器、分电器、电容器、限流电阻器、高压线和火花塞组成。其中,点火线圈包括初级绕组、次级绕组和铁芯三部分。初级绕组是由粗直径的导线在一个铁芯上缠绕数百圈制成,次级绕组用细直径的导线缠绕数千圈制成。当回路闭合时,蓄电池的电压就加在初级绕组上,在绕组的周围建立起一个磁场。当回路断开时,磁场突然消失,在次级绕组中感应生成高电压。限流电阻器的作用是通过减小回路中的电流以及提供点火系统一个恒定的低电压来防止初级绕组的零件损耗。断电器触点是一个开关装置,负责切断初级绕组回路电流。电容器与断电器触点并联,避免持续的电弧存在以及不必要的触点烧损。分电器负责通过高压线将高电压分配到各个火花塞端孔。火花塞接受从点火线圈来的高电压,产生电火花,点燃燃烧室中的空气燃油混合气。火花塞的中心电极是实心的金属杆,周围有一圈陶瓷的绝缘层,外缘是带螺纹的金属壳,另有一个连接在金属壳上的侧电极。大多数火花塞都有一个内部电阻,来减小对无线电的干扰。

2. 电子点火系统

传统点火系统一个主要的缺点是在断电器触点上由于持续的放电弧造成触点烧蚀,降低了点火能量。大约在20世纪70年代初期,电子点火系统成为汽车制造厂商更好的选择。

相比断电器触点点火系统,它增加了点火可靠性,减少了系统维护量,并能使车辆的性能满足排放的标准。

电子点火系统使用电子开关代替了断电器触点,当传感器发送凸轮轴位置、曲轴位置等信息给电子控制单元(ECU)时,电子控制单元控制内部晶体管导通,并选择合适的汽缸点火线圈,控制点火线圈初级绕组回路的通断,在次级绕组中感应产生高电压,并导向火花塞产生电火花。

3. 模块控制点火系统

大约在20世纪70~80年代,在汽车上使用了模块控制技术,点火系统取消了分电器,由发动机控制模块采集传感器信号,控制每缸点火线圈通电实现点火。这种新型点火系统可以提供一种新的、更可靠、更精准的方法来点燃空气燃油混合气,并有效地控制排放和明显地减少早先的点火系统所需要的维护工作量。

1)模块控制点火系统的分类

目前常见的模块控制点火系统主要有同时点火和独立点火两种类型,同时点火系统又称"废火花"点火系统,其主要特点是两个汽缸合用一个点火线圈,通电后两个汽缸同时点火,其中只有一个汽缸为有效点火;独立点火系统则每一个火花塞对应一个点火线圈。这个系统的主要优点是零件的损耗较少,点火正时控制更精确,比较低的排放和较好的燃油经济性。

2)模块控制点火系统的组成

模块控制点火系统由电子控制模块(ECM)、点火模块、相关传感器(曲轴位置传感器、凸轮轴传感器、爆震传感器等)、点火线圈组件等构成,如图3-10所示。

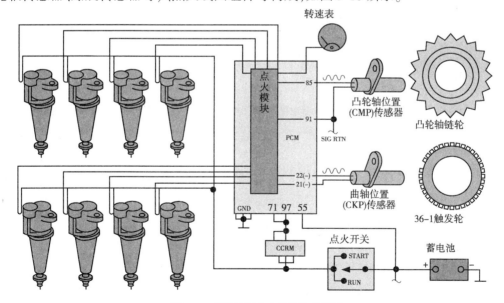

图3-10 模块控制点火系统的示意图

电子控制模块(ECM)也称为电子控制单元(ECU),用于接收多个输入信息来控制发动机的运行。电子控制模块接收当前发动机运行状态的传感器输入信号,发送信息给点火模块控制点火线圈通断,来使火花塞产生火花。点火模块接收来自曲轴位置传感器的信息,并传送一个信号给电子控制模块。电子控制模块返回信号给点火模块,来控制火花塞产生火花。

第三节　车身电气系统

车身电气系统的作用是确保汽车安全行驶,提高乘坐舒适性、方便性。车身电气系统主要包括灯光系统、仪表及报警系统、辅助电气系统,其中,辅助电气包括风窗刮水器、电动车窗、天窗、电动后视镜、电动座椅、中控门锁及防盗系统等。

一　灯光系统

汽车灯光系统的主要作用是保证汽车运行时的人车安全,主要由各种灯具及其控制装置组成。按照功能功用划分,主要有照明灯和信号灯两类。汽车照明灯包括前照灯、雾灯、牌照灯等外部照明灯具以及由顶灯、仪表灯、踏步灯、工作灯、行李舱灯组成的内部照明灯具;信号灯包括转向信号灯、危险报警灯、示宽灯、尾灯、制动灯和倒车灯,如图3-11所示。

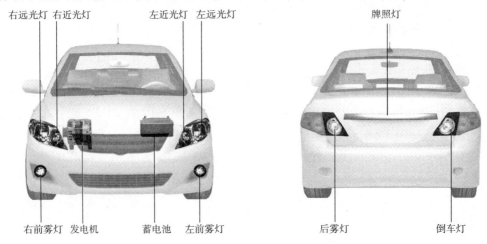

图3-11　灯光系统示意图

二　仪表及报警系统

为了使驾驶人随时掌握车辆的各种状况,在驾驶人座位前方的仪表板上装有各种测量仪表,以便及时发现和排除可能出现的故障和不安全因素,以保证良好的行驶状态。

组合仪表作为人与汽车的交互界面,在现代汽车中有举足轻重的作用,组合仪表上通常有常用仪表和仪表报警指示灯,如图3-12所示。其中,汽车常用仪表有电流表、充电指示灯或电压表、机油压力表、温度表、燃油表、车速及里程表、发动机转速表等。常用的仪表报警指示灯有制动系统指示灯、发动机故障指示灯、充电指示灯等,如图3-13所示。

三　辅助电气

随着汽车辅助工业的发展和现代化技术在汽车方面的应用,现代汽车装用的辅助电气设备很多,除了汽车用音响设备、通信器材和汽车电视等服务性装置外,都是一些与汽车本身使用性能有关的电气设备。一般而言,辅助电气包括电动刮水器、风窗洗涤器、空调器、低温起动预热装置、防盗装置、玻璃升降器、座椅调节器等。辅助电气有日益增多的趋势,主要向舒适、娱乐、保障安全方面发展。

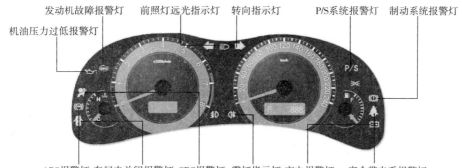

图 3-12 组合仪表板示意图

图 3-13 常见的报警指示灯符号

1. 电动车窗

电动车窗主要由车窗玻璃、玻璃升降器、直流电动机、继电器、开关(主控开关、分控开关)等组成,各部件在车上的布置如图 3-14 所示。其中,玻璃升降是把电动机的旋转运动变为车窗的上下移动,常见的玻璃升降器有钢丝滚筒式、交叉传动臂式。电动车窗使用双向直流电动机,常见形式有双绕组串励线绕式和永磁式。通过改变流过车窗电动机电流的方向,控制电动机的正反转,进而实现车窗的升降。

2. 电动座椅

普通电动座椅由若干个双向电动机、传动机构和控制开关等组成;自动电动座椅由电子控制单元(ECU)、位置传感器和座椅调节装置组成,如图3-15所示。与其他附属电气一样,电动座椅上亦使用了双向直流电动机,通过改变流过电动机电流的方向,控制电动机的正反转,进而实现对座椅部件的调节。

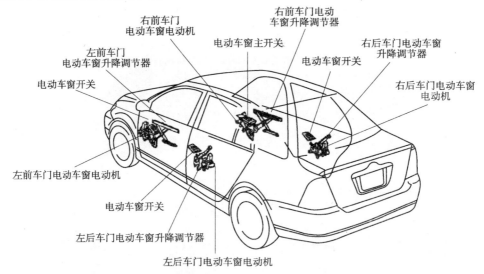

图3-14 电动车窗部件示意图

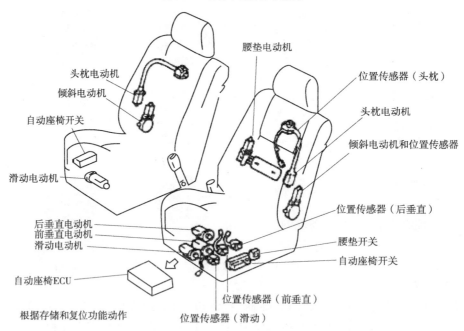

图3-15 自动座椅部件示意图

实现自动座椅的记忆功能的工作过程是按下座椅开关向前滑动键时,自动座椅ECU收到向前滑动信号,从而向滑动电动机通电,通过传动装置驱动电动机向前滑动。按下存储和复位开关时,通过倾斜和伸缩ECU,自动座椅ECU收到相应记忆或复位信号,自动座椅ECU存储各位置传感器的相应信号或给各电动机通电,使座椅调整到原来的位置。

3. 空调系统

汽车空调是用来改善汽车舒适性的设备,可以对车内空气的温度、湿度进行调节,并保持车内的空气清洁。空调系统一般由以下五个系统组成,其部件示意图如图 3-16 所示。

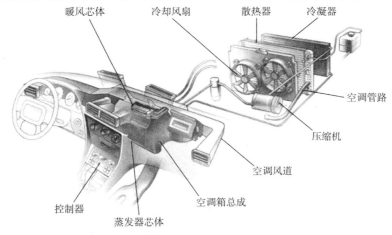

图 3-16　空调系统部件示意图

(1)制冷系统:对车室内空气或由外部进入车室内的新鲜空气进行冷却或除湿,使车室内空气变得凉爽舒适。汽车空调制冷系统主要是由压缩机、膨胀阀、冷凝器、蒸发器和鼓风机等组成,其间各个部件之间采用高压橡胶管和钢管连接成一个密闭的系统,在制冷系统工作时,制冷剂会以不同的状态在这个空间里循环流动,而这样的循环又分为了压缩、散热、节流和吸热四个过程,上述四个过程周而复始地进行,达到降低蒸发器周围空气温度的目的。

(2)暖风系统:主要用于取暖,对车室内空气或由外部进入车室内的新鲜空气进行加热,达到取暖、除湿的目的。

(3)通风系统:将外部新鲜空气吸进车室内,起通风和换气作用。同时,通风对防止风窗玻璃起雾也起着良好作用。

(4)空气净化系统:除去车室内空气中的尘埃、臭味、烟气及有毒气体,使车室内空气变得清洁。

(5)控制系统:对制冷和暖风系统的温度、压力进行控制,同时对车室内空气的温度、风量、流向进行控制,完善了空调系统的正常工作。

小　　结

(1)汽车电气系统具有低压、直流、单线制、负极搭铁、网络控制的特点。

(2)现代汽车所装备的电气系统,按其安装位置,可分为发动机电气系统和车身电气系统。汽油发动机电气系统包括电源系统、起动系统、点火系统、电控燃油喷射系统以及电子控制系统。车身电气系统主要由信号与仪表系统、照明系统以及辅助电气等装置组成。

(3)汽车电源系统主要包括蓄电池、发电机、调节器(有些装在发电机内部)、充电指示灯及点火开关,有些车上还装配有发电机蓄电池控制模块和蓄电池电流传感器。其中,发电机为汽车的主要电源,蓄电池为汽车的辅助电源。

(4)汽车交流发电机的工作原理是电磁感应,其主要由定子、转子、电刷组件、整流器、调压器、前后端盖、风扇和皮带轮等部件组成。

(5)起动系统的任务是起动发动机组件,其主要包括蓄电池、起动机继电器、起动机、点火开关、发动机控制模块及车身控制模块等。

(6)点火系统是汽油发动机的重要组成部分,其任务是产生高压电火花,按发动机的工作顺序,在活塞接近压缩行程上止点时点燃汽缸内的可燃混合气。

(7)车身电气系统主要包括灯光系统、仪表及报警系统、辅助电气系统,其中,辅助电气包括风窗刮水器、电动车窗、天窗、电动后视镜、电动座椅、中控门锁及防盗系统等。

(8)汽车空调是用来改善汽车舒适性的设备,可以对车内空气的温度、湿度进行调节,并保持车内的空气清洁。空调系统一般由以下五个系统组成:制冷系统、暖风系统、通风系统、空气净化系统和控制系统。

复习思考题

一、简答题

1. 简述交流发电机工作原理。
2. 简述汽车点火系统变低压为高压的工作原理。
3. 简述起动系统的工作过程。
4. 汽车上常见的仪表和报警灯有哪些?
5. 电动车窗是如何实现升降的?
6. 自动座椅的工作过程是怎样的?
7. 简述汽车空调的制冷系统主要由哪些部件组成。

二、选择题

1. 下列哪项不是汽车电气系统的特点(　　)。
　　A. 低压　　　　　　B. 交流　　　　　　C. 单线制　　　　　　D. 负极搭铁
2. 下列关于发动机电源系统的描述不正确的是(　　)。
　　A. 当发动机停止运行时,蓄电池给车辆附件提供电能
　　B. 当发动机起动时,发电机给起动机和点火装置提供电能
　　C. 当发电量不能满足需要时,蓄电池给电气系统提供电能
　　D. 蓄电池可以将发电机所输出的多余电能进行存储
3. 汽车上常用的蓄电池有(　　)。
　　A. 普通蓄电池　　　　　　　　　　B. 干荷电式铅蓄电池
　　C. 免维护蓄电池　　　　　　　　　D. 磷酸锂电池
4. 下列哪项是交流发电机的组成部件(　　)。
　　A. 定子　　　　　　B. 点火开关　　　　　　C. 隔板　　　　　　D. 继电器
5. 交流发电机与直流发电机相比具有(　　)特点。
　　A. 体积小、质量小、节约铜材

B. 结构简单、工作可靠、维修方便、使用寿命长

C. 发动机低速充电性能好

D. 无线电干扰小

6. 下列说法正确的是(　　)。

　　A. 发电机是把机械能转换为电能的一种机电装置

　　B. 起动机是把机械能转换为电能的一种机电装置

　　C. 整流器是将直流电转换为交流电的一种装置

　　D. 调节器是把交流调节为直流的一种装置

7. 发动机点火系统采用的类型不包括(　　)。

　　A. 定时点火　　　B. 电子点火　　　C. 同时点火　　　D. 独立点火

8. 下列哪项不属于常见的起动机类型(　　)。

　　A. 常规起动机　　B. 永磁起动机　　C. 减速起动机　　D. 交流起动机

9. 汽车组合仪表板上有很多指示灯,下列哪项不包含在内(　　)。

　　A. 安全带未系报警灯　　　　　　B. 发动机故障指示灯

　　C. ABS 报警灯　　　　　　　　　D. 阅读灯

10. 下列关于汽车空调的说法,不正确的是(　　)。

　　A. 汽车空调是用来改善汽车舒适性的设备

　　B. 制冷和制热系统共用所有的部件

　　C. 制冷系统可以对车室内空气或由外部进入车室内的新鲜空气进行冷却或除湿

　　D. 制冷系统工作时,制冷剂会在其中以不同的状态循环流动

第四章　汽车底盘

学习目标

1. 熟悉汽车底盘的四个组成部分；
2. 掌握传动系统的功用、组成与主要布置形式及特点；
3. 掌握传动系统各总成的功用、基本工作原理与主要结构特点；
4. 掌握行驶系统的组成和各主要组成部分的功用与结构特点；
5. 了解转向系统功用及普通机械转向系统的基本组成；
6. 理解转向系统工作原理，能对照实物说明系统工作时的动力传递路线；
7. 掌握行车制动装置和驻车制动装置的功用和主要构成；
8. 理解行车制动装置的基本工作原理，理解制动效果与附着力的关系；
9. 认识鼓式制动器和盘式制动器主要构件及液压操纵机构主要构件。

汽车底盘由传动系统、行驶系统、转向系统和制动系统四个部分组成。

第一节　传动系统概述

传动系统的作用是将发动机发出的动力传递给驱动轮。传动系统通常由离合器、变速器、万向传动装置和驱动桥组成。

根据发动机和驱动轮的位置，传动系统在汽车上的布置形式分为：

(1) 发动机前置、后轮驱动(简称前置后驱动，可以用英文字母 FR 表示)。

(2) 发动机前置、前轮驱动(简称前置前驱动，可以用英文字母 FF 表示)。

(3) 发动机后置、后轮驱动(简称后置后驱动，可以用英文字母 RR 表示)。

前置后驱动的传动系统由于上坡时汽车重心的后移，使驱动轮获得更大的附着力，避免车轮打滑，在载货汽车上得到广泛的应用，部分大中型轿车也采用了这种布置形式。在这种布置形式中，发动机通常纵向布置，如图 4-1 所示。这种布置的主要不足是：动力传递路线长。

前置前驱动的传动系统突出的优点是操纵机构简化，省去了贯穿车厢前后的传动轴。但上坡时前轴载荷减小，使附着力减小，驱动轮易打滑，而下坡制动时，汽车重心前移，前轮负荷过重，高速时易翻车。这种布置形式主要用在重心比较低的轿车上。前置前驱动的布置方式中，发动机可横置(如本田、富康等)或纵置(如桑塔纳等)，变速器则采用与发动机相同的方向布置，目前一般轿车上发动机横置较为常见，如图 4-2 所示。

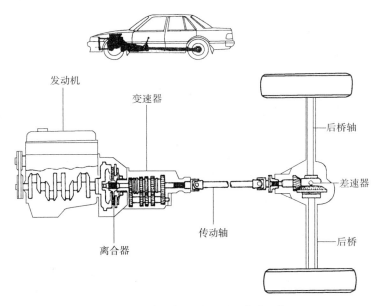

图 4-1　发动机前置后轮驱动的传动系统

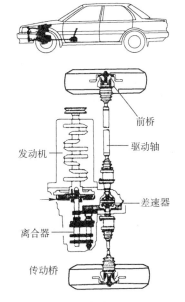

图 4-2　发动机前横置前轮驱动的传动系统

后置后驱动的传动系统布置方案为大型客车和微型轿车所采用。这种方案同样省去了传动轴,并且减少了发动机噪声、振动及热量对驾驶人的影响,车厢内面积加大,地板高度降低,前轴不易过载。目前在城市公共汽车上应用很普遍。缺点是:不能利用迎面风为发动机散热,运行中的故障不容易被驾驶人及时察觉,由于操纵机构距离远而变得复杂,且维修调整不便。这种布置方案也有发动机横置和发动机纵置两种形式,如图 4-3 所示。

发动机中置可以减小整个汽车的转动惯量,中置后驱动的方案被一些赛车采用。

越野汽车具有全轮驱动的功能。为了满足汽车在不同道路条件下运行的要求,大多数越野汽车在传动系统中设有分动器,仅在需要克服较大道路运行阻力时,通过分动器把

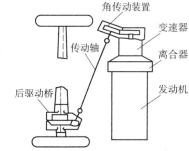

图 4-3　发动机后横置后轮驱动的传动系统

发动机动力传递给所有的驱动轮,而在一般路况时采用两轮驱动。少数车辆系统中不设分动器,无论路况如何,汽车始终是全轮驱动。全轮驱动方式常用 4WD 表示。

有时我们也会见到路上行驶的车辆有 4×4 的标志,这是车辆驱动方式的一种表达,第一个数字表示汽车全部车轮数(双胎按一个车轮计),第二个数字表示驱动轮数。4×4 即表示全轮驱动,4×2 则表示两轮驱动。

第二节　离　合　器

离合器位于发动机与变速器之间。按动力传递的次序,是传动系统中的第一个总成。

一 离合器的功用与基本工作原理

离合器有三种正常的工作状态：接合、分离、打滑。

驾驶人放松离合器踏板时，离合器处于接合状态。在接合状态时，离合器把发动机输出的动力传递给变速器，经万向传动装置传递至驱动桥。变速器挂空挡、发动机怠速运转工况及汽车运行中的大多数时间离合器都处于接合状态。

驾驶人踩下离合器踏板时，离合器处于分离状态。在分离状态时，离合器将发动机与传动系统的动力切断。换挡和停车制动时都需要使离合器分离。

初学驾驶者和在汽车高速运行中进行紧急制动时，可能忘记或来不及踩下离合器踏板，这时，由于发动机仍得到怠速运转油量及运动惯性，发动机会继续为车辆提供驱动力，而制动系统的工作又要阻止各运动件的动作，这就使得发动机和传动系统各运动件承受巨大的力，可能导致机件损坏。离合器通过打滑能保护机件不受过大负荷的作用，防止发动机及传动系统过载。

汽车上普遍使用摩擦式离合器，工作原理如图4-4所示。

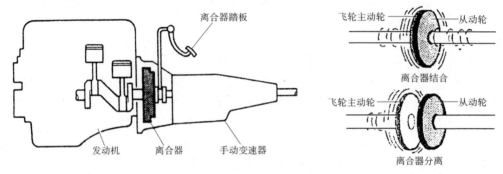

图4-4 离合器的工作原理

图中的主动轴和主动轮分别代表曲轴和飞轮，在实际结构中它们用螺栓紧固在一起同步转动；从动轮和从动轴分别代表离合器盘和变速器动力输入轴，在实际结构中离合器盘用花键孔与变速器花键轴套装在一起，靠花键传递动力，并可以用花键导向沿轴移动。

离合器接合时，在摩擦力作用下，离合器盘与飞轮一起旋转，变速器有动力输入。离合器分离时，从动轮不随发动机曲轴旋转，变速器输入轴也不转。

在汽车起步时，应将发动机与传动系统柔顺地接合，使转矩的传递逐渐增加，所以要求离合器从分离到接合的过程应柔和、平顺、避免冲击。起动发动机时，应使离合器处于分离状态，传动系统机件不运转，以减小发动机起动阻力；换挡时也应切分离合器，使发动机与传动系统分离，减轻换挡过程中的齿轮冲击，因此，要求离合器分离时要迅速、彻底。离合器应能可靠地传递发动机输出的最大转矩而不打滑，又能在超载时打滑，以保护发动机和传动系统各机件。以上要求是由离合器结构和通过驾驶人的操作来实现的。

二 离合器结构与工作过程

1. 离合器一般结构

摩擦片式离合器由主动部分、从动部分、压紧装置、分离机构和操纵机构组成，如图4-5

所示。

离合器盖和压盘为主动部分,它们与飞轮同步旋转。压盘是个比较重的环状金属盘,其主要用途是,使从动盘和飞轮保持压紧状态,将动力从发动机传递到变速器,分离时压盘还必须能够解除对从动盘的压紧作用,以保证中断发动机到传动系统的动力传递。

从动盘和从动轴共称为从动部分,两者以花键连接。从动盘主要包括金属骨架和摩擦片,盘中心的花键部分称为轮毂,圆周方向布置的几个弹簧等部件用于减少离合器传力过程中的扭转振动,金属盘两面都固定有环状摩擦片。从动轴后端有齿轮,装合后齿轮位于变速器中,故离合器的从动轴也称为变速器的输入轴。

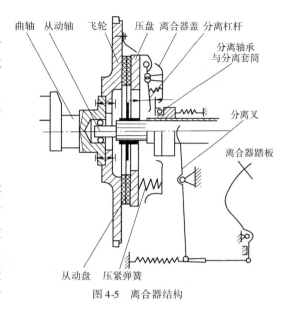

图4-5 离合器结构

压紧装置可以是各种形式的弹性元件,其作用是将压盘向前推,以便压紧从动盘和飞轮。

分离杠杆、分离轴承、分离套筒、分离叉统称为分离机构。若干分离杠杆沿圆周均匀分布,与压盘连在一起,故只要发动机运转,分离杠杆就旋转。分离轴承与分离套筒压装在一起,并可以随套筒沿从动轴移动。轴承一接触到分离杠杆即转动,从而减少了相对运动产生的噪声。

由踏板到分离叉之间的各部件统称为操纵机构。

2. 离合器工作过程

离合器接合与分离是通过驾驶人踩下或抬起离合器踏板控制的。

不踩离合器踏板时,离合器处于接合状态。此时,压紧弹簧将压盘、从动盘、飞轮彼此压紧,由于压盘、飞轮同步旋转,在摩擦力作用下,从动盘随之旋转,并通过花键孔带动变速器输入轴转动,将发动机动力传递给传动系统。

踩下离合器踏板,操纵机构控制分离叉向前推动分离套筒和分离轴承,使分离杠杆绕支点摆动,带动压盘压缩压紧弹簧后移,此时,虽然飞轮和压盘依然旋转,但不再夹紧从动盘,从动盘停止转动,变速器第一轴也不再转动,发动机与传动系统的动力联系被切断。

逐渐放松踏板时,压紧弹簧伸张,压盘、从动盘、飞轮由分离、打滑、逐渐压实,发动机动力又传给传动系统。同时,复位弹簧使分离叉、分离套筒、分离轴承回位。

三 实用离合器

图4-6所示是两种实用离合器的主要构件和工作原理。这两种结构的共同特点是只有一个从动盘和一个压盘,这种结构称为单盘离合器,主要用在中小型汽车上。这两种结构最大的差异是压紧弹簧不同,图4-6a)中为螺旋弹簧,图4-6b)中为膜片弹簧。当采用膜片弹簧时,弹力在压盘上分布更均匀,而且,膜片弹簧兼起分离杠杆作用,使离合器结构和维修作

业都得到简化,在汽车上的应用越来越广泛。

无论什么形式的离合器,因为靠摩擦传力,从动盘摩擦片使用一段时间后会变薄,如果分离杠杆朝向分离轴承的一端没有可以退让的空间,就会出现飞轮、从动盘、压盘压合不实彼此打滑的现象,造成发动机动力损失。在分离杠杆与分离轴承之间预留间隙,使得从动盘磨损时,压盘可以在压紧弹簧的作用下继续向前推移,保持飞轮、从动盘、压盘的相互压紧状态,就有效地解决了上述问题。

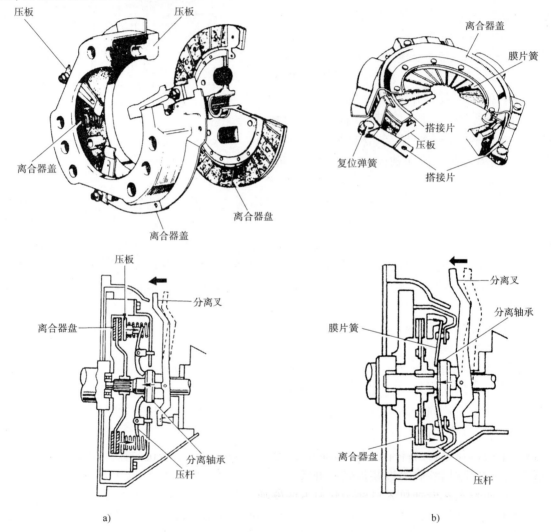

图 4-6 实用离合器

踩下踏板时,用于消除分离杠杆与分离轴承之间间隙的行程称为离合器踏板自由行程。踏板自由行程应在合适的范围内,过大、过小都影响整车性能的发挥;在汽车使用过程中,踏板自由行程会越变越小,为了保持适宜的行程,操纵机构设有调整结构。

实用离合器主要有两种操纵方式:机械式和液压式,如图 4-7 所示。

机械操纵方式直接用拉杆或拉线驱动分离叉;液压操纵方式踏板动作使主缸活塞将油液经软管送到工作缸,通过工作缸活塞和活塞杆的移动驱动分离叉。

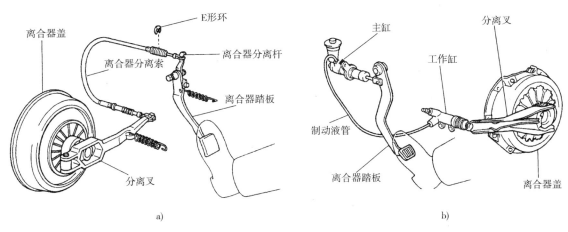

图 4-7 离合器操纵机构

第三节 变速器

一 变速器的主要功用与形式

1. 变速器的功用

变速器位于离合器与万向传动装置之间。在汽车行驶中需要驾驶人频繁控制变速器操纵杆,以便换入能满足不同运行要求的挡位。变速器有三类挡位:前进挡、空挡和倒挡,变速器的功能就是由这三类挡位实现的。

汽车变速器最少有 3 个前进挡,许多车辆都有 4 个或 5 个前进挡,这样即使对应着相同的发动机转速,由于前进挡的变换,车辆也可以获得几种不同的运行速度。在车辆重载、爬坡时,驾驶人会选择低速挡,使汽车克服阻力的能力加强;汽车轻载、路面平整或希望超车时,驾驶人会选择高速挡,使汽车具备高的运行速度。由此可见,前进挡扩大了驱动轮的转速和转矩范围,满足了各种运行工况对车速和驱动力的要求。

空挡可以使车辆在不切分离合器的前提下中断发动机与驱动桥间的动力传递。这不但为运行中换挡及短暂的停车、起步提供方便,允许发动机在汽车静止时保持运转还使得乘员在停车时得以享用空调等设备提供的舒适。

倒挡使汽车在发动机不反转的状况下能倒驶。

2. 变速器的形式

目前汽车上使用的变速器有两类:普通手动变速器和自动变速器。

手动变速器完全是机械式的,它的动力是经离合器获得的,变换任何挡位,都需要驾驶人连续控制离合器踏板和变速器操纵杆。由于路况多变,行驶中的车辆挡位变换非常频繁,驾驶装用手动变速器的车辆,驾驶人的劳动强度比较大。

装用自动变速器的车辆上没有离合器,自动变速器的动力是经过一个被称为液力变矩器的液力传动装置获得的。自动变速器中通常有 P、R、N、D、2、L 几个挡位,P 是驻车挡,R 是倒挡,N 是空挡,D、2、L 都是前进挡。如果这个自动变速器有 3 个前进挡,将操纵杆置于 D

位,变速器就会根据节气门开度和车速自动在3个前进挡之间变换;如果把操纵杆置于2位,变速器就只能根据节气门开度和车速自动在前进挡的1、2挡之间变换;如果把操纵杆置于L位,无论节气门开度和车速怎样变化,变速器只能以最低挡行驶。由于不存在离合器,并且变速器可以自动在一定挡位之间切换,装用自动变速器大大降低了操作者的劳动强度。

手动变速器的安装位置可见图4-1~图4-3,变速器的外观结构如图4-8所示。

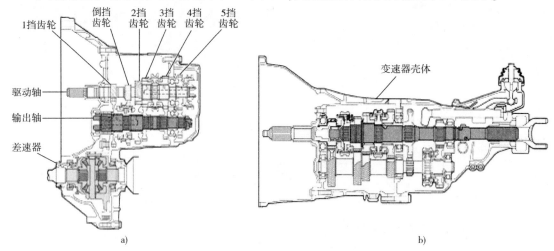

图4-8 变速器的外观结构
a)手动传动桥;b)手动变速器

二 手动变速器的一般结构

手动变速器由传动机构和操纵机构两部分组成。传动机构主要有壳体、若干齿轮和齿轮轴。壳体中加注有一定量的齿轮油,用于润滑各个运动机件;齿轮和轴为车辆提供各种挡位,承接动力,经过变速或换向将动力输出。通常把变速器的动力输入轴称为第一轴,动力输出轴称为第二轴。操纵机构主要有操纵杆、拨叉和拨叉轴,通过这些组件的动作,实现挡位的变换。变速器的一般结构如图4-9所示。

我们常按变速器具有的前进挡位数为其命名,如一个具有5个前进挡、1个空挡和1个倒挡的变速器被称为五挡变速器。图4-10所示是一个三挡变速器,图4-10a)为结构简图,图4-10b)为与之对应的原理示意图。

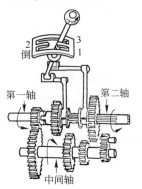

图4-9 变速器的一般结构

变速器输入轴从离合器的从动盘得到动力,齿轮A与第一轴制为一体,齿轮与轴一起旋转;中间轴上有4个与轴同步旋转的齿轮,它们在中间轴上的位置是固定的,齿轮A与齿轮B始终处于啮合状态,称为常啮齿轮。无论挂什么挡位,只要发动机运转,离合器均处于啮合状态,中间轴及其上面的所有齿轮都会一起旋转。齿轮F、G通过花键孔套装在输出轴上,在驾驶人的控制下可以沿第二轴滑移。由于这种连接关系,无论F、G两个齿轮中的哪一个获得动力都会通过花键驱动第二轴,使变速器向外输出动力。齿轮A和F不但分别可以与齿轮B和C啮合,还在彼此相向方向加工有短齿,能相互插接。中间轴上的齿轮 E 与倒挡轴上的齿轮 H 为常啮合齿轮。

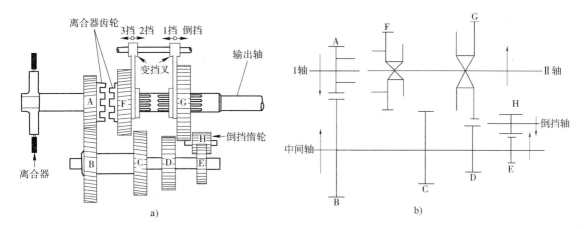

图 4-10　三挡变速器工作原理
a)结构简图;b)原理示意图

三 变速器工作原理

现以三速变速器为例说明变速器的工作原理。

1. 变速原理

一对不同齿数的齿轮啮合,在相同的时间参加啮合的齿数相等,因而两轮转过的圈数不等。当小齿轮为主动轮时,大齿轮转速比小齿轮慢,如图 4-10 中的 A 与 B,A 小于 B,且 A 为主动轮,因而 B 轮转速低于 A 轮;当大齿轮带动小齿轮转动时,小齿轮则会以高于大齿轮的转速运转,如图 4-10 中的 E 带动 H,H 转速高于 E。这种转速变化的关系可以用传动比准确描述:

$$传动比 = \frac{主动轮转速}{从动轮转速}$$

即:

$$i = \frac{n_主}{n_从}$$

显然,两轮齿数相等时,传动比等于 1,从动轮无转速变化;小齿轮带动大齿轮时传动比大于 1,从动轮减速运转,且传动比较 1 大得越多,减速越明显;大齿轮带动小齿轮时传动比小于 1,从动轮增速运转,且传动比较 1 越小,增速幅度越大。我们称传动比大于 1 的挡为减速挡,传动比等于 1 的挡为直接挡,传动比小于 1 的挡为超速挡。在变速器多个前进挡中,按传动比由大到小的次序依次称为 1 挡、2 挡、3 挡……挡位越低对应的车速也越低。

当驾驶人驾车遇重载、爬坡或路况不好时,总是换入低速挡,反之则使用高速挡。这不仅是出于对车速的考虑,更是为了得到不同的驱动力。图 4-11 描述一对齿轮传动时的力矩变化,很明显,当一对大小不等的齿轮啮合传动时,在啮合点处两齿轮彼此作用的力大小相等,而对于半径大的齿轮,相当于力臂较长,因而其力矩就大,即大齿轮在被小齿轮带动减速的同时,得到的转矩增大,可见转矩与转速成反比关系——减速增矩,所以传动比也可以用

转转比表示:

$$i = \frac{M_\text{从}}{M_\text{主}}$$

换用低速挡时,驱动轮得到的转矩大,驱动力也大,汽车克服路面阻力的能力加强。

传动比还可以用齿数(z)比或直径(D)比计算:

$$i = \frac{z_\text{从}}{z_\text{主}} = \frac{D_\text{从}}{D_\text{主}}$$

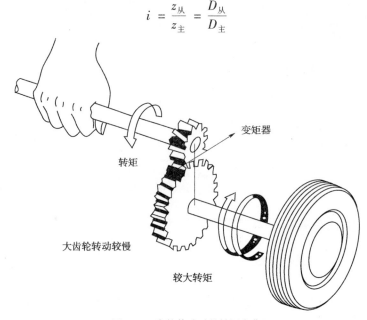

图 4-11 齿轮传动时的转矩变化

2. 换挡原理

变速器中有许多齿轮,挂入某一挡位就确定了具有某一齿数比的一组齿轮参与传动,把这组齿轮脱开,换上另一组齿数比不同的齿轮参与传动,变速器就输出一种新的转速,这就是换挡。

图 4-10 所示为空挡,将齿轮 G 左移至与 D 啮合,为变速器 1 挡,动力传递路线为:输入轴→齿轮 A→齿轮 B→中间轴→齿轮 D→齿轮 G→输出轴。

脱开齿轮 G 与齿轮 D 的啮合,将齿轮 F 右移至与齿轮 C 啮合,为变速器 2 挡,动力传递路线为:输入轴→齿轮 A→齿轮 B→中间轴→齿轮 C→齿轮 F→输出轴。

将齿轮 F 左移至与齿轮 A 的短齿插接,进入该变速器的 3 挡。使输入轴和输出轴连接在一起称为直接挡。该变速器的直接挡是最高挡。

换挡过程可以通过直接移动齿轮(如 1 挡、2 挡)或移动接合套(如直接挡两齿轮短齿的彼此嵌合)实现。由于待啮合齿轮转速不同,容易发生换挡冲击,故每次换挡都要两次踩下离合器踏板,以便使待啮合齿轮速度趋于一致。目前,在手动变速器中普遍装用同步器,在换挡时只需踩一次离合器踏板,同步器能使待啮合齿轮转速迅速趋于一致(即"同步"),并且阻止待啮合齿轮同步前进入啮合,使换挡迅速而无噪声,并减轻驾驶人的劳动强度。

3. 换向原理

齿轮传动中每经过一对齿轮的传动,轴的转动方向就变化一次。挂前进挡时,输出轴与输入轴的转动方向相同,在曲轴旋转方向不变时要使汽车倒驶,只需要增加一对传动齿轮,就可以获得变速器输出轴与输入轴旋向相反的传动效果。

在上述三挡变速器中,将齿轮 G 右移至与齿轮 H 啮合即为倒挡,动力传递路线为:输入轴→齿轮 A→齿轮 B→中间轴→齿轮 E→齿轮 H→齿轮 G→输出轴。

四 变速器的操纵机构

变速器操纵机构由换挡杆、拨叉、拨叉轴和锁止机构组成。驾驶人通过移动换挡杆操纵拨叉轴移动,拨叉固定在拨叉轴上,在随拨叉移动的同时,拨叉推移齿轮或接合套,实现挡位变换,如图 4-12 所示。

变速器的操纵机构有直接操纵式和远距离操纵式两类,如图 4-13 所示。

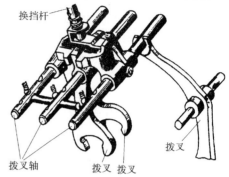

图 4-12 变速器操纵机构组成

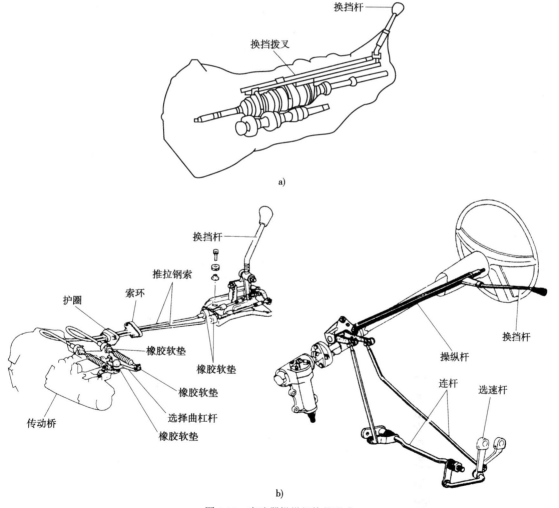

图 4-13 变速器操纵机构的形式

换挡杆直接装在变速器壳体上的结构称为直接操纵式,换挡杆远离变速器壳体,经过拉索或拉杆控制换挡的结构称为远距离操纵式。操纵杆大多布置在驾驶室地板上驾驶人右手侧,也有的布置在转向轴上驾驶人右手侧。布置在转向轴处的属于远距离操纵式,布置在地板上的有些是直接操纵式,有些属于远距离操纵式。

变速器在工作中不应出现自动挂挡、自动脱挡等现象,应沿齿轮全齿长啮合,使驾驶人操作时对是否挂入挡位应有明显的手感;另外,不能同时挂入两挡及不误挂入倒挡。上述要求分别由自锁、互锁、倒挡锁结构予以保证。

五 两轴变速器、三轴变速器与分动器

1. 两轴变速器和三轴变速器

我们常用除去倒挡轴后变速器的轴数作为另一种为变速器命名的方法,如前述变速器除倒挡轴外,还有输入轴、输出轴和中间轴三根轴,因而称为三轴变速器。若变速器除倒挡轴外只有输入轴和输出轴两根轴,就称其为两轴变速器,如图4-14所示。

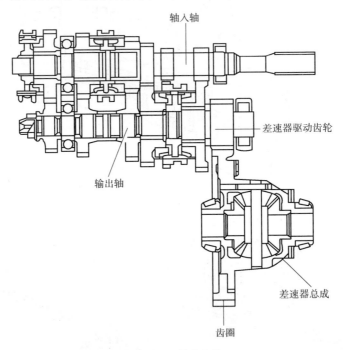

图4-14 两轴变速器

三轴变速器主要用在前置后驱动的传动系统中,由于输入轴与输出轴在同一轴线上,有利于万向传动装置的设计安装。两轴变速器主要用在前置前驱动或后置后驱动的汽车传动系统中,这种变速器传动机构的特点是输入轴与输出轴平行,无中间轴。

两轴变速器前进挡几乎都采用常啮齿轮,故传动平稳。

两轴变速器前进挡从输入轴到输出轴只有一对齿轮传递动力,倒挡参与传动的齿轮数也少于三轴变速器,因而机械效率高,噪声小。我们把输入轴与输出轴直接连起来的挡位称为直接挡。直接挡是所有挡位中机械效率最高的,但两轴变速器没有直接挡。

2.分动器

分动器装在越野汽车变速器与各车桥之间。它能把变速器的动力传递给所有车桥,还可以进一步降低车速,使车轮上有更大的驱动力。从外观看分动器与变速器的区别主要表现为有两根操纵杆和多个输出轴,如图4-15所示。

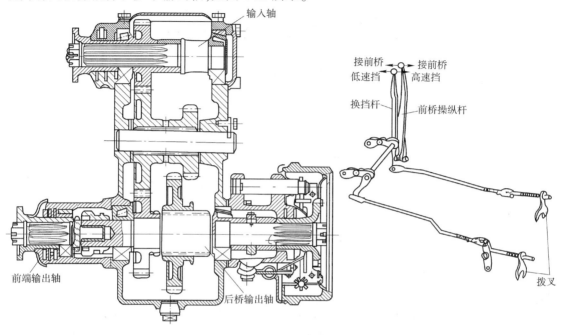

图4-15 分动器

分动器也是由传动机构和操纵机构两部分组成。

传动部分包括一根输入轴和与车桥数相同的输出轴,以及传动齿轮等。传动部分通常具有两个挡位,当汽车在良好路面行驶,运行阻力小,无须全轮驱动时,可以挂高速挡,以获得较高的行驶速度;运行阻力大时,全部车轮参与驱动,挂低速挡,可以增大驱动轮的转矩。

操纵机构包括换挡操纵杆和前桥操纵杆两个操纵杆,及拨叉、拨叉轴、自锁和互锁装置。两个操纵杆的操纵顺序必须是:先挂前桥,再挂低挡;先摘低挡,再摘前桥。分动器的互锁装置就是用于满足这一要求的装置。

第四节 万向传动装置

一 万向传动装置的组成和功用

由于变速器与飞轮壳固定在一起,与车架不能有相对位置变化,而驱动桥与车架是弹性连接,驱动桥与车架的相对位置会随装载质量及路面状况而改变,这会使变速器输出轴和驱动桥输入轴之间的夹角和距离经常变化。汽车上普遍采用万向传动装置在夹角与距离不断变化的轴间传递动力,如图4-16所示。

万向传动装置通常由万向节和传动轴两部分组成。万向节用于满足上述的角度变化,传动轴则用于长距离传递动力,为满足上述长度变化的要求,在传动轴或万向节叉上有可滑移结构。对于轴距较长的车辆还装用中间支撑。

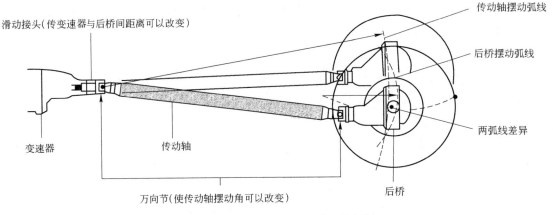

图 4-16 驱动桥与变速器相对位置的变化

二 传动轴

传动轴传递动力时主要承受扭转力的作用,这使得轴的中心部分受力比较小,所以传动轴大多制成空心的。在转向驱动桥和微型汽车的万向传动装置中,传动轴需要传递的力比较小,因此轴比较细,而且是制成实心的。

传动轴的两端焊有轴头或万向节叉,轴上还焊有平衡片。传动轴在高速旋转时,会由于未被平衡掉的离心力的作用产生剧烈的振动,因此在与万向节装配后要做严格的动平衡。当轴距较大时,可以采用三万向节式传动轴,把传动轴制成两节加中间支撑。无论两万向节式传动轴还是三万向节式传动轴,都在滑动叉与传动轴上刻有箭头标记,以便拆卸后重装时保持两者的相对角位置,确保不破坏原有的平衡。传动轴结构如图 4-17 所示。

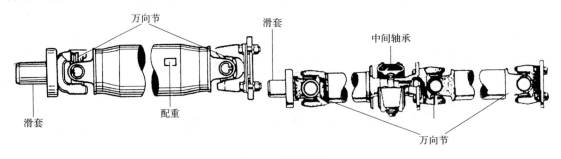

图 4-17 传动轴结构

三 万向节

万向节可以在夹角不断变化的轴间传力,因此在变速器与传动轴以及传动轴与驱动桥之间装有万向节。汽车上装用万向节的还有:变速器与分动器之间、分动器与驱动桥之间、转向轴与转向器之间、转向驱动桥内外半轴之间以及断开式驱动桥等处。上述装用万向节的各处,除转向驱动桥和断开式驱动桥外,均采用普通万向节。

普通万向节允许两轴在夹角不大于20°的情况下工作。普通万向节的结构如图4-18所示。

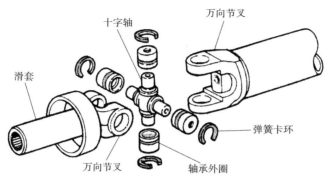

图4-18 普通万向节

每个万向节有两个万向节叉,分别与输入端和输出端相连接,两叉之间则由十字轴连成一个整体,十字轴的各个轴径与万向节叉孔间装有滚针轴承。根据连接部位结构的不同要求,万向节叉有的带凸缘盘、有的带滑移套、有的与轴焊接在一起。

当两轴之间存在夹角时,使用普通万向节会造成两轴转动速度不等。当主动轴等角速转动时,从动轴的转动忽快忽慢,以180°为一个周期。由于万向节是作为一个整体转动的,主、从动叉同时转完一周,只是在这一周中,主动叉始终匀速转动,从动叉发生两次转速快慢的变化。转速越高、轴间夹角越大,这种传动的不等速现象也越明显。这些称为普通万向节传动的不等速性。

为了消除这种不等速性,汽车上总是成对使用普通万向节,当满足以下条件时,输出轴就会与输入轴等角速运转:①输入轴与传动轴夹角等于输出轴与传动轴夹角;②传动轴两端的万向节叉在同一平面。图4-19是满足等角速传动条件的两种排列方式。

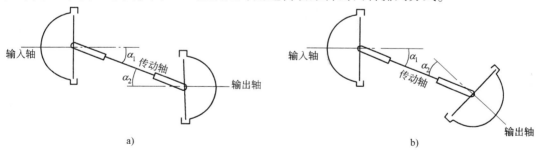

图4-19 双万向节的等角速排列方式

第五节 驱 动 桥

一 组成与常见形式

驱动桥由主减速器、差速器、半轴和桥壳组成。发动机动力经离合器、变速器、万向传动装置传入主减速器,再经过差速器分配给半轴,半轴带动驱动轮旋转。

桥壳包容主减速器、差速器和半轴,使驱动桥形成一个整体,同时,桥壳用以支撑汽车的部分质量,并承受各种力。根据桥壳的形式,驱动桥分为非断开式和断开式两种。非断开式驱动桥主要用于货车和普通客车,断开式驱动桥多为性能较好的轿车所采用。驱动桥形式如图4-20所示。

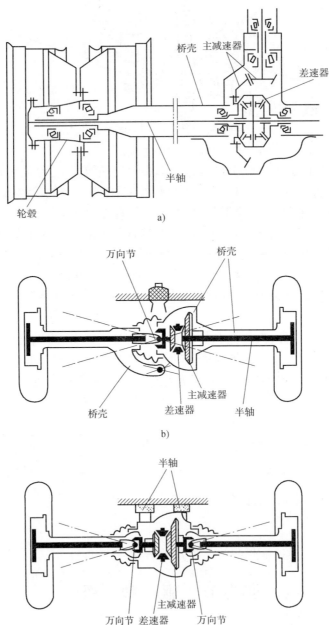

图4-20 驱动桥的结构形式

半轴在差速器和驱动轮之间传递转矩。在经过主减速器减速之后,半轴需要传递的转矩很大,所以半轴一般都是实心的。半轴的内端通过花键与半轴齿轮连接,外端有凸缘盘用螺栓与轮毂连接。轮毂结构如图4-41所示。

二 主减速器

1. 功用与形式

主减速器的功用是进一步减速增矩,使驱动轮获得更大的驱动力。对于纵置发动机的车辆,主减速器通常由一对大小不等的锥齿轮组成,小齿轮作为主动轮,与传动轴相连,这样的结构既起到减速增矩的作用,又使动力方向改变90°。这种只有一对齿轮传动的主减速器称为单级主减速器。单级主减速器为发动机前置、后轮驱动式中小型汽车普遍采用,如图4-21所示。

大型货车要求较大的主减速器传动比,以便使驱动轮获得更大的转矩,又要求主减速器从动轮尺寸不能太大,以免汽车最小离地间隙太小,因而采用两对齿轮传动称为双级主减速器。这种结构第一级为锥齿轮,第二级采用圆柱齿轮,为了使传力平稳,圆柱齿轮采用斜齿。

对于发动机前横置前轮驱动的汽车,由于发动机曲轴与半轴平行,其主减速器只承担减速增矩的作用,无须改变动力的传递方向,因而只需要装用一对斜齿圆柱齿轮,如图4-22所示。

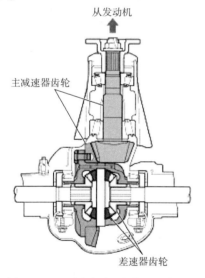

图4-21 FR型汽车采用的单级主减速器

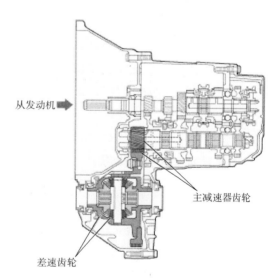

图4-22 FF型汽车驱动桥

2. 一般结构

主减速器一般由壳体、减速齿轮、支承轴承和调整结构组成。

主减速器壳体是桥壳的一部分,其上主要加工有安装支承主从动齿轮的轴承座孔和用于润滑油流通的油道,壳体上部还有通气孔,以防温度高时壳体内的气压过高冲坏油封而漏油。

减速齿轮的形状和对数因车而异。使用锥齿轮时主动锥齿轮与齿轮轴一体,用两或三副轴承支承;从动锥齿轮制成环状,用螺栓与差速器壳固定,用两副轴承支承。

为了保证主减速器的可靠工作,应使主、从动齿轮轴支承轴承的预紧度,主、从动齿轮啮合间隙和主从动齿轮的啮合位置符合要求,这些要求通过调整相应的垫片或螺母来满足。

主减速器主从动齿轮通常由锥轴承支承,锥轴承主要由内圈、外圈和滚子组成,轴承预紧是指将轴承的内圈、滚子、外圈彼此压紧并使它们产生微小变形,压紧的程度称为预紧度。预紧度太大,会使齿轮转动阻力加大,甚至影响正常运转;预紧度太小,齿轮受力时,轴承可能沿直径方向一端压紧,另一端出现间隙,使轴承承载能力下降,并出现运转噪声。

齿轮传动轮齿间应有正确的啮合位置,否则容易造成轮齿的早期损坏。正确的啮合位置如图4-23所示。另外,齿轮还必须有合适的啮合间隙,间隙过小使运转阻力增大,过大则造成传动时齿间冲击。

使用锥齿轮传动的主减速器广泛采用螺旋锥齿轮和双曲面齿轮。前一种齿型的齿轮,两啮合齿轮的轴线必须在空间垂直且相交;后一种齿轮的轴线只需要在空间垂直却不必相交,这就可以使传动轴位置降低,从而降低整个汽车的重心,有利于提高汽车的行驶稳定性,而且,这种齿轮在啮合过程中,同时啮合的齿数多,传动平稳,承载能力强。但这种齿型的齿轮传动时齿面滑移速度高,对润滑油有较高的要求。双曲面齿轮如图4-24所示。

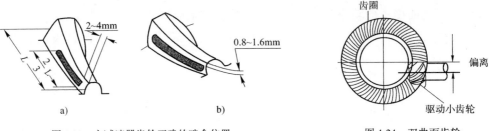

图4-23 主减速器齿轮正确的啮合位置
a)装合时;b)承载时

图4-24 双曲面齿轮

三 差速器

1. 差速器功用和一般结构

当汽车转弯或走在不平的路面时,两侧车轮驶过的距离不等,如图4-25所示。

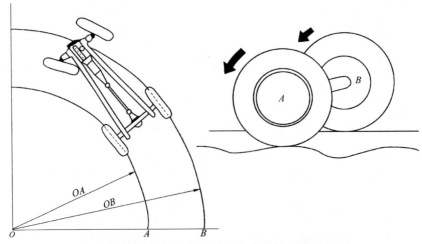

图4-25 汽车转弯或在不平路面行驶时两侧车轮的运动轨迹

即使汽车走在又平又直的公路上,也会由于轮胎充气或磨损方面的差异,使两侧车轮不可能走过完全相等的距离。如果将两侧车轮以一根车轴相连,两轮便以相同的转速运行,这必然造成车轮在路面上滑动。车轮打滑不但加剧了轮胎磨损,还使车辆的行驶性能受到影响。为了解决这个问题,驱动桥中装了差速器。将车轴制成两根半轴,用差速器把它们连接起来,差速器既可以传递动力给两半轴,又允许两半轴以不同的转速旋转。

汽车上普遍使用行星齿轮式差速器,它主要由差速器壳、行星齿轮轴、行星齿轮和半轴齿轮组成,如图4-26所示。

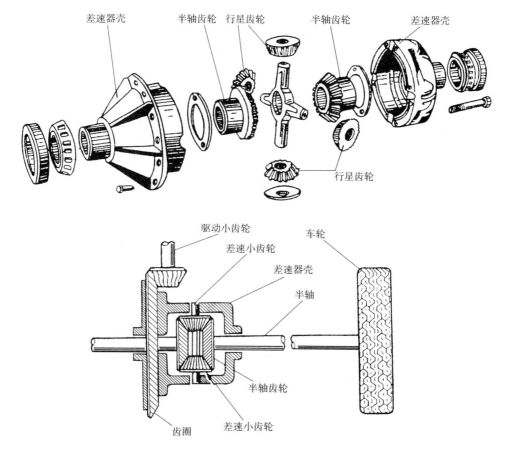

图4-26 行星齿轮式差速器

差速器壳体分为两部分,一部分与主减速器从动锥齿轮固定,另一部分通过螺栓连接使差速器壳形成整体,两半壳体装合后夹持住行星齿轮轴,行星齿轮空套在行星齿轮轴上并与半轴齿轮啮合,半轴齿轮制有花键孔,套装在半轴加工有花键的一端。主减速器工作时,从动锥齿轮带动差速器壳、行星齿轮轴、行星齿轮旋转并经半轴齿轮、半轴将动力传递给驱动轮。

2. 差速器工作原理与工作特性

汽车走在平直路面时,地面作用在两侧车轮上的阻力基本相等,经半轴、半轴齿轮作用在行星齿轮上的反力也相等,行星齿轮只随差速器壳绕从动锥齿轮轴线旋转(公转),而不产生绕自身轴线的旋转(自转)。行星齿轮公转时拨动两个半轴齿轮以相同的速度旋转。此时,差速器只起传力作用,如图4-27a)所示。

汽车转弯或行驶在不平路面时,以向左转弯为例,左侧轮运动阻力增大,右侧轮运动阻力减小,左右两半轴齿轮对行星齿轮作用的反力也表现为左大右小。于是,行星齿轮在公转的同时还绕自身轴线自转,其结果是使左侧驱动轮转速减慢,而右侧驱动轮转速加快,在相同的时间内,两轮以各自的速度驶过不等的距离,都作纯滚动,如图4-27b)所示。

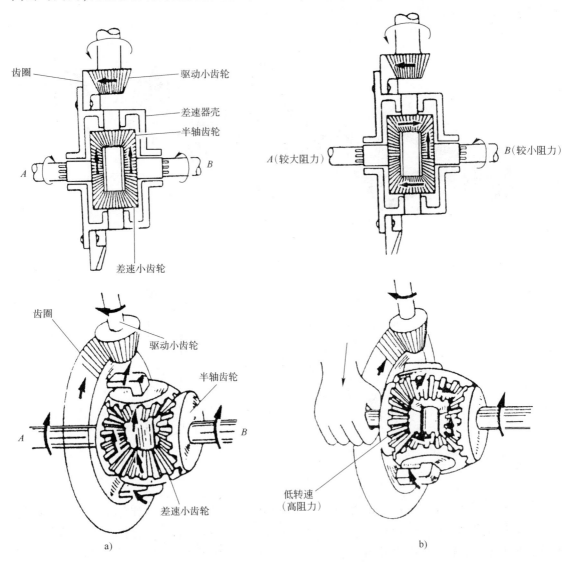

图4-27 行星齿轮式差速器工作原理

装用普通行星齿轮式差速器的车辆,不管运行情况如何,两驱动轮转速之和总是两倍于差速器壳体的转速;而无论两轮转速如何,分得的转矩总是相等的,且只有差速器壳体转矩的一半。正是由于上述速度分配的特性,运行中的车辆突然用制动器固定住传动轴,差速器壳停止转动时,若路面有冰雪或附着条件不好,两侧车轮可能会同速反向转动,导致车辆偏驶;正是由于上述转矩分配的特性,当一侧驱动轮陷入泥泞而打滑时,它的附着力变得很小,使得作用在这个车轮上的转矩很小,好路面的车轮也只获得这个小转矩,因而汽车便不能前进。

四 传动系统工作状况感受与演示

教学组织建议:

(1)学生观察和描述试验用车传动系统的布置形式,注意各主要总成的外观与在车辆上的位置。

(2)轻踩离合器踏板,感受踏板自由行程。

(3)架起驱动桥,使车轮稍微离开地面,起动发动机。

①变速器挂低速挡,踩下和抬起离合器踏板,观察驱动轮的运转情况。

②缓慢和迅速抬起离合器踏板,感受车身的振动情况。

③维持发动机运转,变速器分别挂空挡、低速挡、高速挡、倒挡,观察驱动轮的转速与转向。

(4)维持驱动轮离地状态,发动机不运转,变速器挂空挡以外任一前进挡。

①转动一侧车轮观察另一侧车轮的旋转方向。

②踩下离合器踏板,同时向同一方向转动两侧驱动车轮,观察传动轴的状态。

(5)维持驱动轮离地状态,脱开传动轴与主减速器输入端的连接(或使用单独的驱动桥)。

①转动主减速器动力输入凸缘盘,观察两侧车轮的转动速度与方向。

②转动主减速器动力输入凸缘盘,对一侧车轮施加轻微阻力,观察两侧车轮的转动速度与方向。

③转动主减速器动力输入凸缘盘,固定一侧车轮,观察另一侧车轮的转动速度与方向。

在上述过程中请教师注意以下环节:

(1)安全第一。驱动桥支撑必须可靠;换挡过程最好由教师操作;脱开传动轴时避免被工具或周围机件碰伤。

(2)提醒学生正确选择和使用工具。

(3)随时引导学生对演示结果进行分析,以便加强对课堂内容的验证和建立与其他章节知识的联系。

(4)善始善终,培养文明生产意识。完成演示后,应装复脱开的传动轴,清理工具和试验场地,恢复驱动桥的原放置状态。

第六节　行　驶　系　统

行驶系统的主要功用是支持全车的质量并保证汽车行驶。汽车行驶系统由车架、车桥、悬架和车轮组成。

一 车架

车架是汽车的基体。汽车所有的总成、部件和许多重要的管线都直接或间接地固定在车架上,因此车架承受着各个总成传来的力和力矩,车架应在复杂受力的条件下保持各个总成正确的相对位置,所以车架既要足够坚固,在各种力的作用下不断裂,又要有适度的韧性,使变形在允许范围。车架还是整个汽车的公共电极。为了上述各种功能的要求,车架用钢材制成。

货车和客车上应用最多的是边梁式结构,图 4-28 所示为解放 CA1091 型汽车车架。

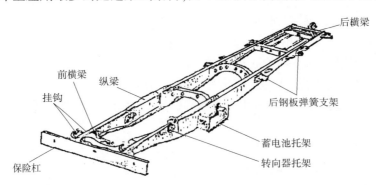

图 4-28　解放 CA1091 型汽车车架

该车架主要由两条不等断面的直纵梁和若干横梁组成。横梁与纵梁用铆接或焊接的方式连成一体。车架前端的保险杠在汽车遇障碍或发生交通事故时,保护汽车前部的部件,以减少其损坏程度;后端有拖钩,用于拖曳其他车辆。第一道横梁下凹,可以降低发动机的安装高度,从而降低整个车辆的重心。此外,纵横梁上加工有许多大小不同的孔,用于固定其他总成或允许管路通过。

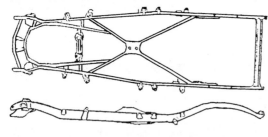

图 4-29　弯曲边梁式车架

如果把车架前端收窄,就可以使转向车轮偏转比较大的角度,这样汽车行驶中转向就更灵活;如果把车架的中间部分降低,就能够有效地降低整车重心。具有上述特点的车架称为弯曲边梁式车架,主要用在轻型车上。弯曲边梁式车架如图 4-29 所示。

大多数轿车和一些客车车身与车架一体,称为无梁式车架。由于车身要承受各种力的作用,目前更多地被称为承载式车身。为尽量减轻汽车在交通事故中对行人造成伤害,轿车保险杠已经普遍以塑料为制造材料。此外,轿车保险杠还具有美化汽车外表的作用。

二 车桥

1. 车桥形式与特点

汽车上所有两端装着车轮的总成都可以称为车桥。按照车桥在车上的位置,可以称车桥为前桥、后桥等；按照车桥两端所装车轮的运动方式的不同，车桥分为转向桥、驱动桥、转向驱动桥、支持桥四种结构形式。

车轮能够直接获得发动机动力的车桥称为驱动桥。所有采用后驱动方式的车辆，后桥通常都是驱动桥。

车轮能在转向盘的控制下偏转的车桥称为转向桥。后驱动车辆的前桥是转向桥。

车轮既能直接获得发动机的驱动力又能在转向盘的控制下偏转的车桥称为转向驱动桥。前驱动车辆的前桥是转向驱动桥。

车轮除了分担部分车身质量并能在地面滚动外，既不能直接获得发动机的驱动力又不能在转向盘的控制下偏转的车桥称为支持桥。前驱动车辆的后桥、三轴（或称三桥）车辆的中或后桥及挂车的各车桥均为支持桥。

2. 转向桥

转向桥的主要构成件有前轴、转向节和主销，其结构如图4-30所示。

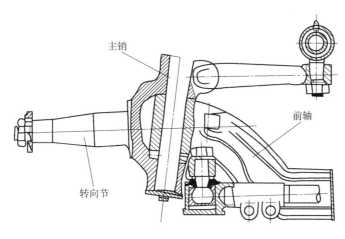

图 4-30 转向桥

前轴多为"工"字形断面，其中部下凹，以降低发动机的安装高度。前轴两端孔内固装着主销，转向节的上下耳套装在主销上，并能绕主销转动。为了减少运动机件之间的磨损，转向节孔中压装减摩衬套。为了使转向轻便、灵活，还装有推力轴承。转向节臂和梯形臂固装在转向节上。当转动转向盘至转向节上的调整螺钉触及前轴上的限位凸块时，车轮达到最大偏转角度。车辆使用和维修中一般不允许改变螺钉出厂时的位置。转向桥各构件的相对空间位置可见图4-46。

3. 转向驱动桥

图4-31所示是转向驱动桥示意图。

转向驱动桥为了完成驱动的功能，必须有主减速器、差速器、半轴，为了同时满足转向要求，其半轴就必须分成内、外两部分，并以万向节相连接，既保证内外两半轴之间传力，又允许两半轴之间有夹角。由于普通万向节存在不等速性，并且允许的轴间夹角太小，转向驱动桥内外半轴之间使用各类等角速万向节，等角速万向节允许的轴间夹角一般可以达到40°以上。因为万向节占据了空间，转向节以转向节壳体形式出现，主销分为上、下两半。半轴外端的凸缘盘不能与外半轴制成一体,而是以花键孔与半轴外端花键部分插接。轮毂用轮毂轴承支承,并通过螺栓与半轴凸缘连接。

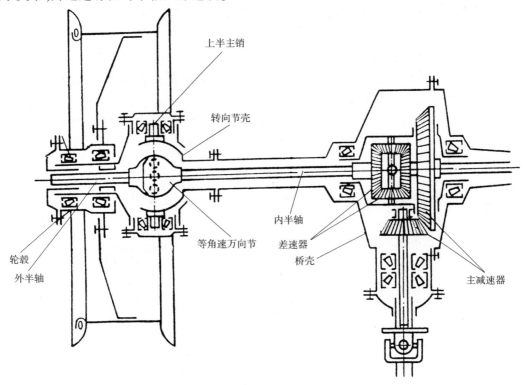

图 4-31 转向驱动桥示意图

三 转向车轮定位

为了使汽车保持稳定的直线行驶,转向轻便,减小轮胎和转向机件的磨损,要求装配后的转向车轮、转向节和前轴与车架有正确的相对位置。

前轮、前轴、转向节与车架的相对安装位置称为转向车轮定位,也称为前轮定位。前轮定位包括主销后倾、主销内倾、车轮外倾、车轮前束四项内容。

车轮是绕主销轴线偏转的,从车轮侧面看,主销轴线不与地面垂直,而是向后倾斜一个角度,称为主销后倾,如图 4-32 所示。主销后倾的作用是使偏转的车轮自动回正,保持汽车直线行驶的稳定性。主销后倾的角度在 3°以下。

从汽车的横向平面看,主销轴线向车身内侧倾斜称为主销内倾,如图 4-33 所示。车轮内倾的主要作用是使转向后车头自动向上抬起,并通过减小主销到车轮宽度中线的距离减轻驾驶人转向时的操纵力。主销内倾角一般不大于 8°。

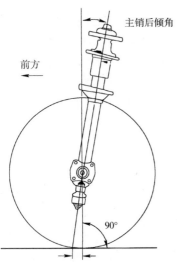

图 4-32 主销后倾

车轮安装后其上部向外倾斜称为车轮外倾,如图 4-34 所示。车轮外倾使载质量大的车辆加载后传到转向节的力主要由内侧轮毂轴承承受,提高了运行的安全性。同时,主销到车轮宽度中线的距离进一步减小,转向操作更省力。轿车为了减少高速转向时车身的倾斜程度,使车轮内倾,也称负外倾。车轮外倾角一般为 1°左右。

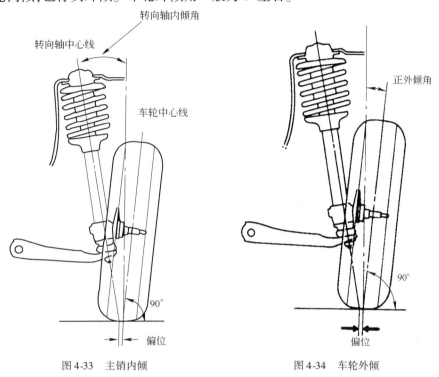

图 4-33　主销内倾　　　　　　　　图 4-34　车轮外倾

从上向下看,左右转向轮的间距前端小于后端,称为车轮前束,如图 4-35 所示。前束的作用是消除车轮外倾造成的车轮边向前滚动边向外张开的影响,使车轮保持直线滚动而不

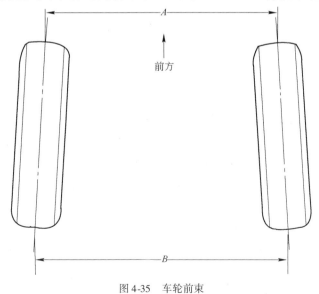

图 4-35　车轮前束

横向滑移。车轮前、后端规定测量位置的尺寸差称为前束值,该值一般在 5mm 以下。由前束的作用可知:车轮采用负外倾时也应采用负前束(即后束)。

四 悬架

1. 悬架的功用与形式

悬架是车架与车桥之间所有传力和连接装置的总称。悬架主要由弹性元件、导向元件和减振器三部分构成。弹性元件承受和传递车架与车桥之间垂直方向的载荷,导向元件承受和传递车架、车桥之间纵向和侧向的力与力矩,减振器可以加速衰减振动。

悬架分为非独立悬架和独立悬架两种。将整体式车桥与车架连接起来的悬架称为非独立悬架。由于两侧车轮装在整体式车桥上,当一侧车轮由于道路不平而跳动时,将影响另一侧车轮的工作。将断开式车桥与车架连接起来的悬架称为独立悬架。由于两侧车轮分别装在断开式车桥两侧,一侧车轮跳动时,另一侧车轮不受影响。非独立悬架结构坚固简单,制造维修方便,在公共汽车、客车、货车及普通轿车的后桥上广泛采用。采用独立悬架的车辆车身的倾斜程度受路面影响小,乘坐舒适性比较好,主要应用于轿车前桥。现代高级轿车采用电控四轮独立悬架结构,虽然结构和控制复杂化,但乘坐舒适性及行驶稳定性等得到非常大的提高。图4-36所示为悬架结构示意图。

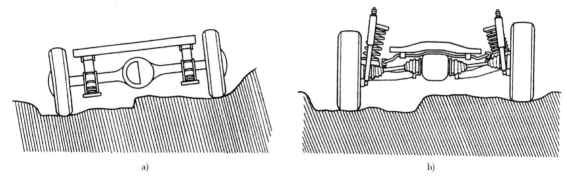

图 4-36 悬架结构示意图
a)非独立悬架;b)独立悬架

2. 主要组件

1)钢板弹簧

图 4-37 所示为装用钢板弹簧的非独立悬架。

钢板弹簧由若干长度不等、弯曲程度不同、等宽、等厚的弹簧钢片叠成。钢板弹簧最上面的一片最长,两端制有卷耳,内装衬套,通过销子与安装在车架上的支架连接;钢板弹簧的中部用 U 形螺栓与车桥固定。钢板弹簧在车辆无载荷时较为弯曲,加载后弹簧弯曲程度减小,满载时达到最大变形量,两卷耳之间的距离随载荷不同而变化,吊耳的摆动满足了这种尺寸变化的要求。

钢板弹簧不但能承受垂直载荷,还能承受和传递纵向力与侧向力,在载荷的作用下变形时各片之间的相对滑动还起到减振作用,即钢板弹簧兼具弹性元件、导向元件和减振器三重作用。正由于此,钢板弹簧在汽车上应用非常普遍。货车的后桥与车架之间往往只有钢板弹簧,前桥与车架之间出于减少驾驶室振动的目的除钢板弹簧外,还加装减振器。

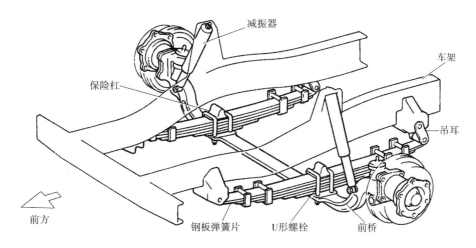

图 4-37　装用钢板弹簧的非独立悬架

2）螺旋弹簧与导向杆

图 4-38 所示为装用螺旋弹簧的非独立悬架。图 4-39 所示为装用螺旋弹簧的独立悬架。

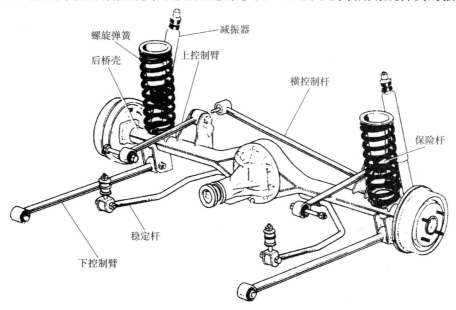

图 4-38　装用螺旋弹簧的非独立悬架

图 4-38 和图 4-39 的共同特点是，都以螺旋弹簧为弹性元件，都使用了大量导向杆。这是由于螺旋弹簧只能承受垂直方向载荷的缘故。汽车悬架所使用的弹性元件还有其他几种形式，但大多不具备承受纵向力和侧向力的能力，而必须装用导向杆。

轿车前端呈 U 形结构的稳定杆不属于导向元件。稳定杆的作用是减轻轿车高速运行中转弯时车身的横向倾斜。

3）减振器

减振器的作用是加速车架与车身振动的衰减。减振器在车桥与车架之间与弹性元件并联安装。由于弹性元件的承载及减振能力主要表现在压缩过程，在车桥与车架靠近时，减振器只需要较小的减振能力,以便充分发挥弹性元件的功能;而在车桥与车架远离时,减振器应有较大的减振能力,既衰减振动又保护弹性元件,如图4-38、图4-39所示。

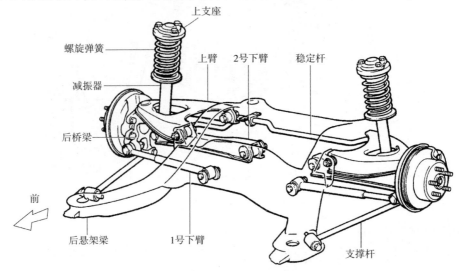

图4-39 装用螺旋弹簧的独立悬架

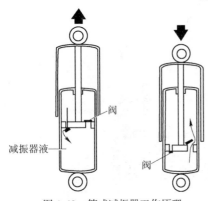

图4-40 筒式减振器工作原理

汽车上普遍使用筒式减振器,如图4-40所示。这种减振器以油液为工作介质,活塞把缸筒分为上下两部分,活塞通过活塞杆与车桥连接。其基本原理是:当车架与车桥产生相对运动时,活塞在缸筒里做往复运动,减振器壳内的油液便反复地从一个腔室经狭小的孔隙流向另一个腔室。孔壁与油液之间的摩擦起到阻碍振动的作用,振动能量转变为热能,使油液和减振器壳发热,然后散入空气中。活塞上的孔隙越大,控制孔隙开闭的阀门弹簧越软,油液通过孔隙的阻力就越小,转变为热能的振动能量也越少,即减振能力越弱。

五 车轮与轮胎

1. 车轮

车轮由轮毂、轮辋及轮盘组成,如图4-41所示。

轮辋也称钢圈,用来安装轮胎,有深式和平式两类,如图4-42所示。

轮盘是轮辋与轮毂的连接件。货车后轮通常装用两个相同的轮盘、轮辋,形成双胎结构。有的车轮用粗大的辐条替代轮盘连接轮辋和轮毂。

轮毂是连接制动鼓、轮盘和半轴凸缘的主要零件,以上各件用螺栓连接。为了减轻汽车运行中螺栓的松动,沿着汽车前进方向看,左侧轮毂螺栓为左旋螺纹,右侧轮毂螺栓为右旋螺纹,这样在汽车制动时惯性可以使螺母自紧。轮毂通过轴承支承在轴管或转向节轴上。要使轮毂转动自如又不松旷,应该保证轮毂轴承有合适的预紧度和可靠的润滑,为此有一组零件用于调整轮毂轴承预紧度,并需要定期对轴承加注或更换润滑脂。

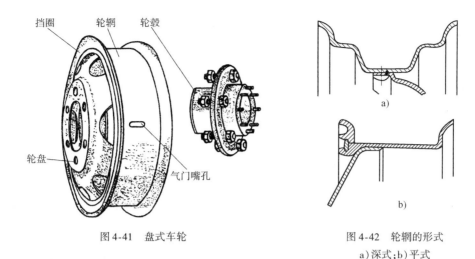

图 4-41 盘式车轮

图 4-42 轮辋的形式
a) 深式；b) 平式

2. 轮胎

汽车上使用充气轮胎。它支承汽车的全部质量,吸收与缓和汽车行驶中的冲击和振动,保证轮胎与路面良好附着,以提高汽车的驱动和制动性能。充气轮胎分为有内胎和无内胎两类。这两类轮胎的外形相近。

1) 无内胎轮胎

无内胎轮胎直接把压缩空气充进外胎。没有内胎不仅使结构简化,还由于不存在内外胎的摩擦生热问题,特别适合于高速行驶。此外,这种轮胎内层特殊配方的厚橡胶气密层能在轮胎被刺破时起自动密封作用,有效地减缓了胎内气压的下降速度,高速行驶中即使轮胎被刺破,也不会出现胎压突然下降到使驾驶人难于控制车辆的程度,使行车安全性提高。无内胎轮胎必须与深式轮辋配用。无内胎轮胎的使用量正在逐步增加。无内胎轮胎的结构与特点如图 4-43 所示。

2) 有内胎轮胎

有内胎轮胎由内胎、外胎、垫带构成,如图 4-44 所示。

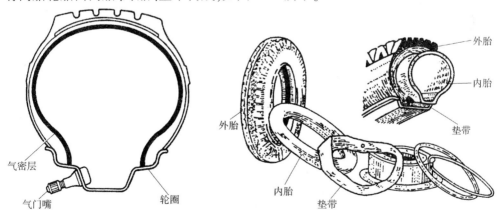

图 4-43 无内胎轮胎的结构与特点

图 4-44 有内胎轮胎

内胎中充注压缩空气,垫带用于防止轮辋磨伤内胎,外胎的作用是承受载荷及路面的冲击与摩擦、保护内胎。

外胎的外表面是橡胶层,称为胎面,包括胎冠、胎肩和胎侧。胎冠直接接触路面,其表面加工的花纹用来加强附着,防止滑移。胎冠与胎侧的厚度差异比较大,胎肩起过渡作用。胎侧用于保护轮胎侧面的帘线不受损伤,一般把轮胎规格、特征符号、生产厂家等标识标示在胎侧。胎侧是轮胎最薄弱的部分,使用和维修中都要注意保护。

胎面里层依次为缓冲层和帘布层。缓冲层的作用是减小路面对轮胎的冲击,加强胎面与帘布层的结合。帘布层是外胎的骨架,又称胎体,按帘布层排布方向的不同分为斜交轮胎和子午线轮胎。帘布层交叉层叠布置的称为斜交轮胎,帘布层成径向布置的称为子午线轮胎。由于子午线轮胎具有滚动阻力小,承载能力强,节约燃料,减振性、附着性、耐磨性好,使用寿命长等突出特点,被越来越多的车辆所使用。

除了橡胶气密层的差异外,无内胎轮胎与有内胎轮胎的外胎结构是相同的。图4-45a)为斜交轮胎,图4-45b)为子午线轮胎。

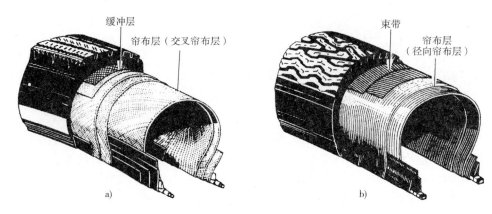

图4-45 外胎结构

六 行驶系统主要构件认识

教学组织建议:
(1)观察整车,指认行驶系统四部分组件。
(2)观察整车,分辨每个车桥的类型。
(3)观察悬架,分辨每个悬架的形式。
(4)观察悬架各组成部分,注意:
①弹性元件的形式,如何与车架连接,如何与车桥连接。
②有无导向元件,如有两端分别连接什么部位。
③有无减振器,如有安装在什么位置,有几个,如何与车架、车桥连接。
(5)观察车架结构,说明其形式,注意车架上安装了什么。
(6)转动转向盘使车轮处于直线行驶位置,能否观察到车轮外倾和车轮前束。
(7)在实验室观察比较各类车桥外观的差异。
(8)在实验室观察转向桥,找出转向节、主销,能否观察到主销的后倾与内倾,能否找到车轮最大偏转角限位结构,扳转一侧转向轮时另一侧转向轮是如何偏转的。

第七节 转 向 系 统

转向系统的功用是按照驾驶人的要求改变转向车轮的行驶方向,实现汽车行驶中的方向控制。转向系统有机械式和动力转向式两类。动力转向以机械转向系统为基础,增加一整套装置,把驾驶人转动转向盘的力放大后再施加到机械转向系统的传动机构上,使转向操纵轻便。本节学习机械式转向系统的主要知识。

一 机械式转向系统的工作过程及相关知识

1. 机械式转向系统的组成和工作过程

机械式转向系统由操纵机构、转向器和传动机构三部分构成。主要构件及相互位置如图4-46所示。

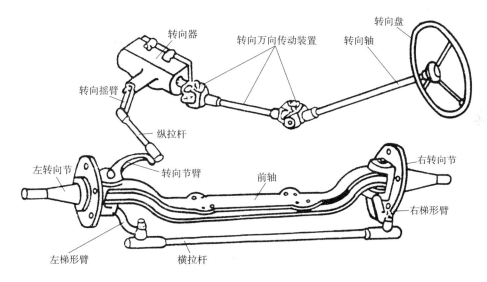

图4-46　机械式转向系统示意图

驾驶人转动转向盘时,动力经转向轴输入转向器,在转向器中减速、放大力矩、改变动力方向后驱动摇臂摆动,而后通过纵拉杆和转向节臂使左转向节绕主销偏转。同时,左梯形臂、横拉杆、右梯形臂控制右转向节绕主销偏转,实现汽车的转向。前轴、横拉杆、左右梯形臂构成的梯形结构称为转向梯形。

2. 转向应满足的条件

转动转向盘时前轮发生偏转,汽车运行的惯性有使前轮做侧向滑移的趋势,如果车轮与路面间有足够的附着力,在侧滑趋势产生的同时,路面有反力作用于车轮。在该力的作用下汽车实现了转向。如果附着力不足车轮便发生侧向滑移,汽车就无法转向。

3. 转向中心与转弯直径

汽车转向时,为了减小轮胎的磨损和使转向轮所受到的路面阻力小,要求汽车转向时所有车轮围绕同一中心以不同的半径做圆周运动。在转动转向盘的过程中,这个中心的位置在不断发生变化,因而称其为汽车的瞬时转向中心,如图4-47中的 O 点。对于双轴汽车,这个点在后轴延长线上的某个位置。要使所有车轮旋转中心交于一点,两侧车轮偏转角应不等,偏转角越大,绕 O 点走过路径的半径越小,反之越大,因而转向时外侧车轮偏转角度应当小于内侧车轮偏转角度。两角度之间的关系与两轴的间距和两侧主销之间的距离都有关,两角度之间的关系由转向梯形结构来保证。

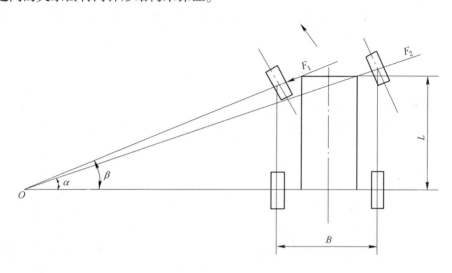

图4-47 双轴汽车转向示意图

使转向轮保持一定的偏转角度,汽车在地面绕行一周,外侧转向轮中心轨迹圆直径称为转弯直径。车轮偏转的角度越大,转弯直径越小,汽车的机动性就越好。转向盘转到极限位置时,车轮偏转角最大,转弯直径最小,称为汽车最小转弯直径。汽车的最小转弯直径受到汽车结构的限制,对某个已定的车型该值是个确定值。

二 转向操纵机构

转向操纵机构指转向盘至转向器之间的所有构件,主要包括转向盘、转向轴、转向轴套管等件,如图4-48a)所示。

转动转向盘时,转向轴把动力传给转向器。转向轴上端加工有细齿和螺纹,与螺母配合安装和固定转向盘,转向轴下端通过一套万向传动装置连接转向器,这可以使通过转向器反向传至转向盘的振动减到最小。转向轴套管使转向轴与车身的相对位置固定。转向盘上布置有喇叭按钮。

为了减少撞车时转向盘对驾驶人的伤害,现代汽车的转向操纵机构中大多增加了转向轴轴向推力的装置,具有这种装置的转向操纵机构被称为安全转向柱,无论具体结构如何,安全转向柱的共同特点是:转向轴由上、下两部分构成,受到撞击时两部分间的连接件被破坏或变形,转向轴的上半部分向下半部分空腔底部滑移,转向盘随转向轴下移减轻了对驾驶人胸部的伤害。图4-48b)所示是安全转向柱工作原理。现代汽车中有不少在转向盘中央安置安全气囊,在碰撞时保护驾驶人的面部和头部。

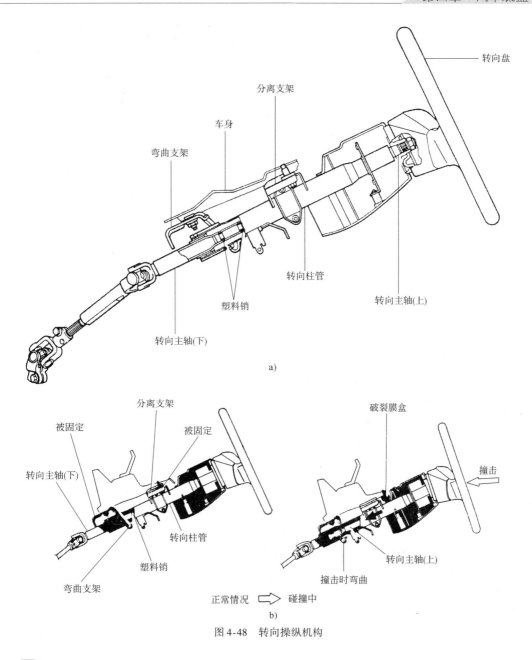

图 4-48 转向操纵机构

三 转向器

转向器的功用是：将驾驶人施加于转向盘的力放大，并变转向盘的转动为摇臂的摆动。转向器应保证转向灵敏而且操纵轻便。

转向器将转向力放大的程度通常用转向器角传动比来表示，即转向盘转动的角度与转向摇臂摆动角度的比值。该值越大，驾驶人操纵力被放大得越多，转向操纵越轻便，但灵敏度变差。对于整车质量比较小、运行速度比较高的轿车，对灵敏度的要求高，取较小的转向器角传动比值，一般为 12～20；对于载质量大、运行速度不太高的货车、客车等，对转向操纵轻便要求高,取较大的转向器角传动比值,一般为 16～32。

目前应用最广的转向器有循环球式、齿轮齿条式等几种形式。

1. 循环球式转向器

这种转向器传动效率高、操纵轻便、使用寿命长,广泛应用于大、中型客、货车上。

常用的循环球式转向器为循环球—齿扇齿条式,如图 4-49 所示。

该转向器具有两对传动副:一对是蜗杆和螺母,另一对是齿扇和齿条。蜗杆由两副轴承支承,上方连着转向轴,转动转向盘,蜗杆会随之转动。螺母是套装到蜗杆上的,二者之间靠钢球传力。螺母外观呈方形,一侧加工成齿条,以便与齿扇啮合,齿扇与摇臂轴成一整体结构。

转动转向盘时,蜗杆通过钢球传力给螺母,使螺母沿蜗杆移动,齿条便带动齿扇使转向摇臂摆转,从而驱动摇臂轴转动,实现汽车转向。钢球传力使蜗杆螺母之间的滑动摩擦变为滚动摩擦,使转向操纵轻便,机件磨损更小。

为了使转向操纵灵活,转向器传动副及转向传动机件之间都留有间隙,并需要良好的润滑。转向器壳体中加有一定量的齿轮油润滑,用于润滑转向器传动副。各传动杆件之间连接处靠润滑脂进行润滑。由于转向器传动副及转向传动机件之间存在间

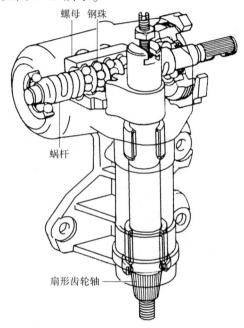

图 4-49 循环球—齿扇齿条式转向器

隙,转动转向盘时,转向轮并不马上偏转,要等消除所有间隙后继续转动转向盘,车轮才发生偏转。这段为消除间隙转向盘转动而车轮不动的转向盘转动角度称为转向盘自由行程。一般规定该行程应不超过 15°。自由行程过小,道路冲击反映到转向盘上易造成驾驶人操作疲劳;自由行程过大时,又使转向操纵的灵敏度下降。当零件磨损使转向盘自由行程超过 30°时,必需进行调整。通常通过调整转向器传动副间隙调整转向盘自由行程。

2. 齿轮齿条式转向器

齿轮齿条式转向器结构简单紧凑,操纵轻便灵敏,在轻型车上应用极其广泛。齿轮齿条式转向器结构如图 4-50 所示。

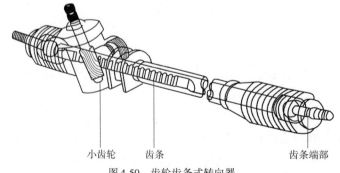

图 4-50 齿轮齿条式转向器

小齿轮与转向轴相连接,齿条横向布置,两端各通过一段横拉杆、球头销与转向节相连,如图4-51所示。齿条外装有防尘罩,为防止齿条移动时两端防尘罩内气压不平衡,两侧防尘罩内腔是彼此连通的。转向器壳体通过螺栓与车身固定。转动转向盘时,小齿轮使齿条横向移动,经过横拉杆、球头销、转向节传力使前轮偏转。

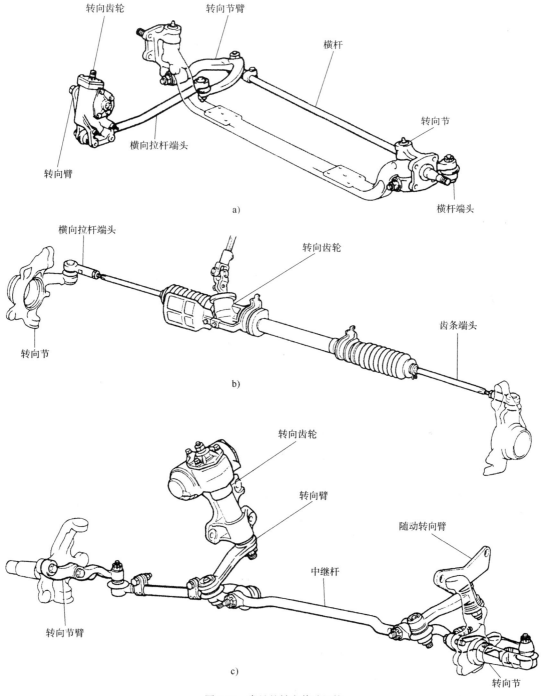

图4-51 常见的转向传动机构

齿轮齿条式转向器的转向盘自由行程是用于克服齿轮齿条间隙和球头连接处间隙的转向盘行程。齿条在弹簧推力下靠向齿轮,齿轮与齿条的啮合间隙是通过调节调整螺塞,控制弹簧张力保证的。齿轮与齿条因磨损间隙加大时,弹簧会向齿轮侧推动齿条,因为齿条与横拉杆用球头连接,使齿条的移动不受阻挡。

四 转向传动机构

转向传动机构由各种"杆"和"臂"组合而成,其作用是将转向器输出的动力传给转向车轮。由于各机件不在同一平面内运动,为了防止运动干涉,各机件间用球型铰链连接。常见的转向传动机构如图 4-51 所示,其中图 4-51a)是与非独立悬架配用的传动机构,它与我们在转向系统构成图中见过的结构不同的是:与转向节臂同侧的梯形臂和转向节制成一体,图 4-51b)和图 4-51c)都是与独立悬架配用的转向传动机构,可见:与齿轮齿条式转向器配用的传动机构比较简单。

与非独立悬架配用的传动机构主要由转向摇臂、纵拉杆、转向节臂、梯形臂、横拉杆等组成。由于车桥是整体的,车身运动时不会改变轮距,可以用一根横拉杆连接左右转向节。与独立悬架配用的传动机构结构相对复杂,由于左右转向轮可以独立运动,运行中轮距会发生变化。为此,横拉杆必需制成两部分,为了适应不同转向器的结构要求,可能还要增加一些传动杆件。横拉杆除了传力,还有一个重要的作用是调节前束值。当横拉杆工作长度变化时,前束值得到调节。

第八节 制 动 系 统

一 制动系统的功用与组成

汽车制动系统的基本功用是:保证汽车行驶中能按驾驶人的要求减速或停车;保证车辆的可靠停放。为了确保安全,汽车上通常有几套彼此独立的制动装置,而行车制动装置和驻车制动装置是每一辆汽车都必须具备的基本装置。

行车制动装置主要用于行驶中使车辆减速或停车,一般由驾驶人用脚踏板操纵,故有脚刹车之称;驻车制动装置主要用于防止车辆在坡道停车时滑溜,还可以辅助离合器完成汽车在坡道上的起步,在行车制动装置失效时可做临时应急,因为驻车制动装置绝大多数是驾驶人用手操纵杆操纵,又称手刹车。

每一套制动装置都由制动器和制动传动机构两部分组成。前述每辆汽车都必须至少有两套彼此独立的制动装置,主要是指传动机构独立,如行车制动和驻车制动两套装置,可以各有自己的一套制动器和传动机构,也可以共用制动器,但制动器能分别受两套传动装置操纵。

图 4-52 和图 4-53 分别给出了轿车全车制动装置及货车和轿车驻车制动装置的构成及在汽车上的布置位置。

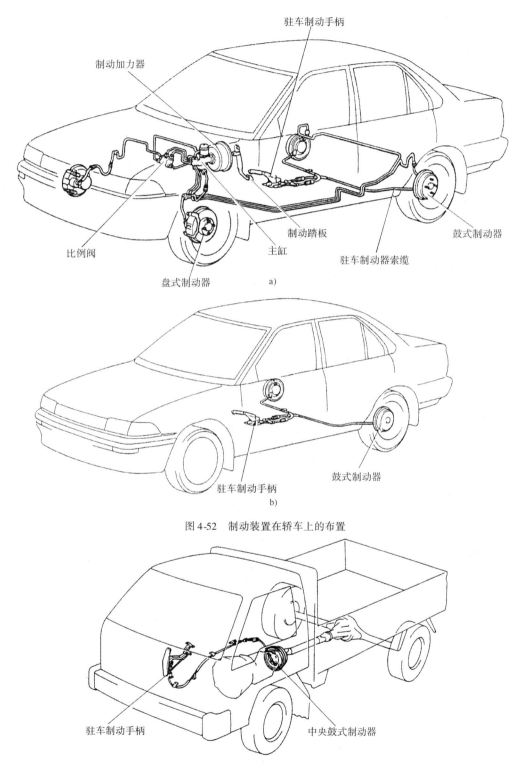

图 4-52 制动装置在轿车上的布置

图 4-53 驻车制动装置在货车上的布置

二 行车制动装置工作原理

1. 基本结构

每套制动装置都有制动器和传动机构两部分。

制动器直接产生制动作用,通常由四部分组成:旋转部分、固定部分、张开机构和调整机构。根据旋转件结构的不同,制动器分为鼓式、盘式两类:旋转件为制动鼓的称为鼓式制动器;旋转件为盘式的称为盘式制动器。

传动装置操纵制动器产生或解除制动作用。传动机构的基本形式有机械式、液压式和气压式。

2. 行车制动装置工作原理

图 4-54 所示为行车制动装置工作原理。图 4-54a) 同时给出了盘式和鼓式两种制动器在液压操纵下的工作过程。许多车辆单独使用盘式或鼓式制动器,也有些车辆将两种制动器在同一车上混用,不少轿车采用前盘后鼓的布置方案。制动盘或制动鼓通过螺栓与轮毂固连,因而与车轮一起旋转。摩擦片的位置相对固定,所以踩下制动踏板时,摩擦片便与制动盘或制动鼓产生摩擦作用。下面以图 4-54b) 所示机械操纵式鼓式制动器为例说明行车制动装置的工作原理。

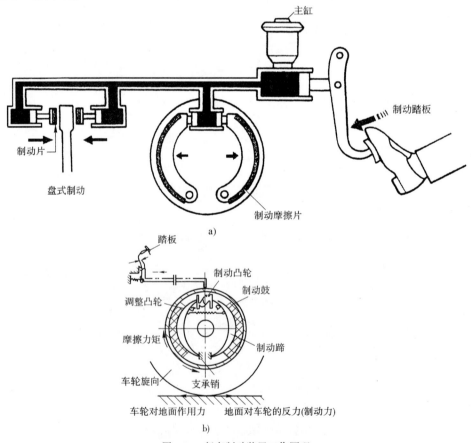

图 4-54　行车制动装置工作原理

制动鼓固定在轮毂上与车轮一起旋转。摩擦片铆接或粘接在制动蹄上，制动蹄下端通过支承销支承在制动底板上，上部在复位弹簧的拉力作用下紧靠在凸轮上，凸轮转动，制动蹄便可以张开。由于制动底板固定在转向节（前轮）或桥壳凸缘（后轮）上，所以制动底板连同制动蹄是固定件，不随车轮旋转。鼓式车轮制动器主要构件结构如图4-57所示。

汽车正常运行时，制动蹄为收拢状态，其摩擦片与制动鼓存在间隙，车轮可以自由转动。

制动时，驾驶人踩下制动踏板，通过传动机构使凸轮转动，推动两制动蹄克服复位弹簧张力而张开，消除蹄鼓间隙，制动蹄摩擦片紧压在制动鼓内圆柱面上，使制动鼓产生一个与旋转方向相反的摩擦力矩。并通过与轮毂的连接关系把这个摩擦力矩传给车轮。由于车轮与路面的附着作用，车轮作用给路面向前的力，路面对车轮产生反作用力，这个力的方向与汽车的运行方向相反，称为制动力。在制动力的作用下，车轮转速下降，从而使汽车减速甚至停车。

放松制动踏板时，复位弹簧使制动蹄回位，恢复蹄鼓间隙，摩擦力矩消失，制动作用解除。

3. 制动防滑与制动效果评价

通常人们认为：踩制动踏板的力越大，制动蹄就会把制动鼓抱得越紧，制动所需要的时间和距离就会越短。事实上，首先，汽车能减速是地面给车轮反力的结果，试想，在车辆腾空时，即使制动踏板踩到极限位置，也不能使车辆有丝毫的减速，这说明车轮与路面附着是产生制动作用的前提；另外，在制动力小于附着力的条件下，踩制动踏板的力越大，制动器的制动作用越强，汽车减速越快，但是在踏板力大到制动蹄将制动鼓完全抱死的状态，汽车在惯性作用下继续前冲，而车轮不转，使轮胎局部与路面滑动，产生的高温使轮胎局部橡胶熔化，在地面留下黑色的拖印，就像在轮胎与路面之间涂了一层润滑剂，制动效果反而减弱，并可能出现明显的横向滑移。因此，现代汽车已大量采用ABS，既防抱死制动系统，这个系统工作时，即使驾驶人将制动踏板踩踏到极限位置，它也会自动的调节制动蹄压向制动鼓的力，使制动力的大小既能迅速降低车速，又不发生车轮抱死，在路面上滑移的现象。

一辆汽车制动效果如何应该从3个方面评价：①踩下制动踏板到实现停车需要的时间或距离，称为制动效能；②制动器长时间工作发热后，以及制动器沾水时，制动所需要的时间或距离，称为制动效能的恒定性；③制动时汽车与原行驶方向的偏驶量，称为制动时的方向稳定性。这一切取决于制动系统的结构和维修作业质量。

三 车轮制动器

车轮制动器有多种形式，了解简单非平衡式制动器是学习其他鼓式制动器的基础。

1. 简单非平衡式制动器

简单非平衡式制动器的结构特点见图4-54a)中鼓式制动器部分。这种制动器的主要特点是：制动蹄下端用支承销支承，上端用轮缸张开。简单非平衡式制动器工作原理如图4-55所示。

制动时，轮缸内油压推动活塞对前后制动蹄施加大小相等的作用力 p_1 和 p_2，使制动蹄压紧制动鼓，制动蹄受到摩擦力 x_1、

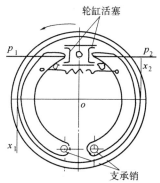

图 4-55 简单非平衡式制动器工作原理

x_2 的作用。作用在前蹄上的摩擦力 x_1 与推力 p_1 的作用效果一致,使制动蹄压紧制动鼓,而且摩擦力 x_1 使蹄对鼓的压紧作用加强,这种作用称为助势作用,这个制动蹄称为助势蹄。作用在后制动蹄上的 x_2 与推力 p_2 的作用效果相反,摩擦力 x_2 使蹄对鼓的压紧作用减弱,称为减势作用,该制动蹄称为减势蹄。倒车制动时,x_1、x_2 与前进制动时的方向相反,原来的助势蹄成为减势蹄,原来的减势蹄则成为助势蹄。

由分析可知:这种制动器前进制动与倒车制动的制动效果是相同的,并且无论哪个方向的制动,两个制动蹄对制动鼓的压紧作用都不相等,即制动鼓在直径方向的受力是不平衡的。由此造成轮毂轴承沿直径方向出现一边压得紧、另一边相对松的不均衡受力。这就是制动器名称中的非平衡。

由于前进制动的频率远高于倒车制动,因而前蹄作为助势蹄的时机也远高于后蹄,这就使得前蹄比后蹄磨损严重。为了均衡两制动蹄的磨损,通常将前蹄摩擦片制作得比后蹄摩擦片长,使两摩擦片的单位面积受力相近。

摩擦片磨损后,蹄鼓间隙加大,制动的灵敏度变差,从踩下踏板到产生制动作用的时间变长。为了恢复原有的制动性能,应做相应的调整使蹄鼓间隙得到恢复。简单非平衡式制动器制动蹄的支承销是偏心销(图 4-56),在靠近轮缸侧有调整凸轮,转动调整凸轮或转动偏心销都能达到改变蹄鼓间隙的目的。

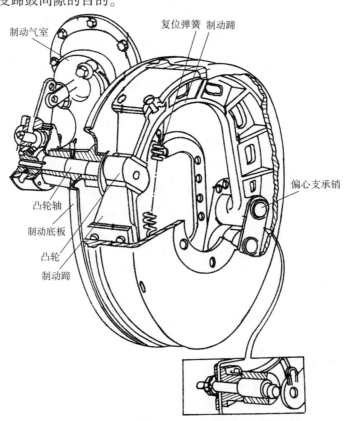

图 4-56 气压操纵式车轮制动器

图 4-56 所示是气压操纵式制动系统配用的制动器,它的结构与图 4-54b)几乎相同,只

是其中的张开凸轮用压缩空气驱动。除制动蹄用凸轮张开,其他结构与简单非平衡式制动器无大差别,但由于凸轮不能像液压推动下的轮缸活塞那样能始终保持靠紧制动蹄,就使得前蹄在摩擦力作用下产生要离开凸轮的趋势,使凸轮对前蹄的实际推力减弱。而后蹄在摩擦力作用下靠紧凸轮,使凸轮对后蹄的推力加强,从而使助势、减势作用都被削弱。所以可以认为这种制动器是平衡式的,于是两个制动蹄摩擦片等长。

无论哪一种鼓式制动器的主要构件——制动底板、制动蹄、制动鼓的结构基本相同,如图4-57所示。

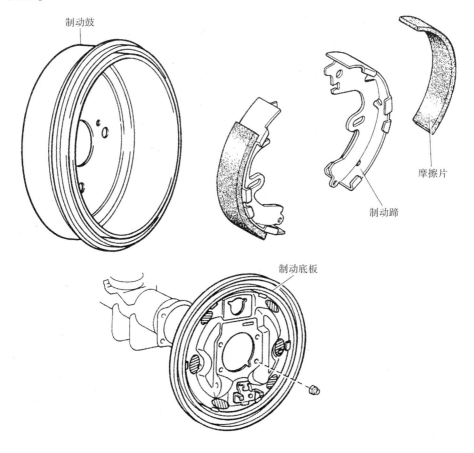

图4-57　鼓式车轮制动器的主要构件

钢制的制动底板翻边与制动鼓相应部位扣合,可以减少尘土的进入,减轻蹄、鼓由于尘土进入而引起的磨损。轮缸、支承销等机件都固定在制动底板上。

制动蹄由制动蹄板与摩擦片组成。摩擦片必须抗热、耐磨和具有较高的摩擦系数,并且在温度、湿度变化时摩擦系数的变化应尽可能小,以确保制动器在长时间制动产生高温和沾水的情况下,仍有良好的制动效果。中、重型汽车制动器的摩擦片铆接在制动蹄板上,轻型车摩擦片粘接在制动蹄板上。

制动鼓通常用铸铁制成,端面的孔通过螺栓与轮毂连接,为了避免开口端在受力大、温度高的条件下长期工作而出现喇叭状变形,开口端做得比较厚。

2. 盘式制动器

盘式制动器在现代轿车上普遍使用,它主要由制动盘、制动钳、活塞、摩擦块等组成,图4-58给出了盘式制动器外观及主要组件:制动盘和摩擦块的结构。

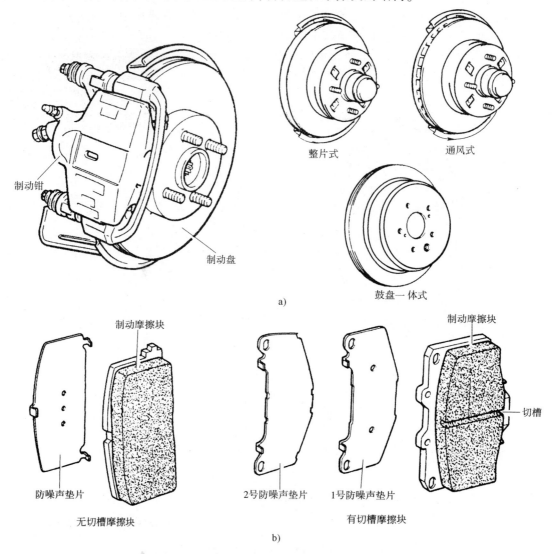

图4-58 盘式制动器

制动盘是暴露在空气中的,这使得制动器比鼓式结构易于散热和甩水,即盘式制动器的制动性能受温度和水的影响小。通风式制动盘比实心式散热性更好。因为制动盘工作中受热沿厚度方向的变形量极小,故只需预留很小的蹄盘间隙,通常只有0.1mm,所以制动时盘式制动器比鼓式制动器反应更迅速。

制动钳内部装有活塞,制动液经管路送到制动钳内活塞后方的空腔,如图4-54a)所示。现代轿车普遍使用浮钳盘式制动器,图4-59是其结构与原理示意图。

浮动制动钳可以沿固定于转向节的导销移动,由于制动盘内侧空间大,空气易于流通,散热效果优于制动盘外侧,浮动卡钳仅在制动盘内侧装有一个活塞。踩下制动踏板时,活塞移动直至制动盘内侧的摩擦块压紧制动盘。由于制动盘不能左右移动,而只要驾驶人不放松制动踏板,活塞后方腔室就始终有液压作用。油液压力不能继续推移活塞,就反向推移钳体,卡钳右移直至制动盘外侧的摩擦块也压紧制动盘,产生制动作用。

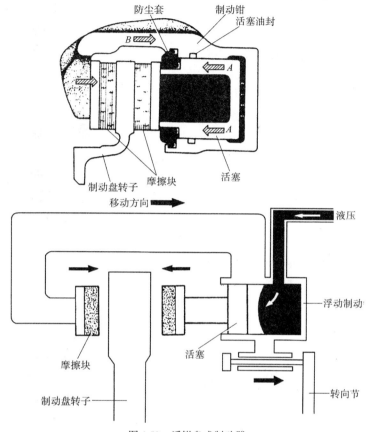

图4-59 浮钳盘式制动器

在活塞与钳体之间用活塞油封防止制动液泄漏,在踩下制动踏板时,油封产生小变形,松开制动踏板时,油封恢复变形并带动活塞回位,恢复蹄盘间隙。正常使用中,活塞油封能自动保持正确的蹄盘间隙。

盘式制动器摩擦面积远小于鼓式,制动时又没有助势作用,要获得大的制动力,就必须提高液压和加大活塞直径。为了满足高液压的要求,使用盘式制动器的制动系统中配备了制动助力装置,盘式制动器的轮缸活塞直径大于鼓式。

制动盘与摩擦块间压紧力大,再加上制动盘暴露在空气中,摩擦面之间杂质、磨粒多,使得盘式制动器的摩擦块磨损比鼓式制动器快。图4-58b)中有切槽的摩擦块其切槽就是用以显示磨损的允许限度的。许多汽车的仪表板上有制动器警示灯,当制动器摩擦块磨损到极限允许值时警示灯亮,提醒驾驶人应及时送修,确保制动系统处于可靠的工作状态。

四 制动传动装置

1. 主要形式与管路布置

基本的制动传动装置有机械式、液压式和气压式。

机械式传动装置用拉线或拉杆张开或收拢制动蹄,主要用在驻车制动器的控制中。

液压式传动装置以制动液为动力,控制制动蹄的张开或收拢。这套装置组件少,只有主缸、轮缸和管路;灵敏度高,油液不易被压缩,可以迅速传力;但制动力比较小,常用于轻型车。在液压传动装置的基础上增加一套助力或增压装置,可以即获得高操纵灵敏度又获得较大制动力。助力装置装在制动踏板和制动主缸之间,它把驾驶人踩制动踏板的力放大后作用于主缸,使主缸输出比较大的油压。这是目前应用最多的一种方式。增压装置装在主缸与轮缸之间,将主缸输出的油压放大后送往轮缸。

气压式传动装置以压缩空气为动力,控制制动蹄的张开或收拢。这套装置组件多,包括空气压缩机、储气筒、调压器、制动控制阀、制动气室、管路、气压表及止回阀、安全阀、油水放出阀等,如图4-60所示;其灵敏度不如液压式,压缩空气仍容易进一步被压缩,使传动迟滞;其优势是制动力大,还可以兼做车门、喇叭控制和为轮胎充气,主要用在大中型车上。

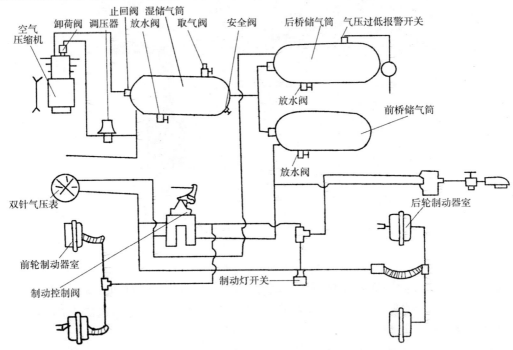

图4-60 气压式制动传动装置

无论采用液压或气压传动装置,一旦管路泄漏都会造成制动器失控,为了提高制动的可靠性和安全性。现代汽车液压、气压传动装置已全部采用双管路控制,即:所有的车轮制动器分别由两套彼此独立的传动装置控制,一套管路损坏时,另一套仍然起作用。

2.液压传动装置的管路布置和主要组件

图4-61所示是一种典型的双管路液压传动装置,它包括制动踏板、助力器、一个双管路主缸、每个车轮制动器上一个轮缸和制动管路。

1)主缸

主缸把驾驶人的踏板力转变成液压。主缸主要构件有储液罐、活塞、推杆、阀门、弹簧等,如图4-62所示(图中未画阀门部分)。为了使两套管路彼此独立,采用两个储液罐或把一个储液罐中间隔开,用两个活塞在缸筒里形成两个工作腔,有两套控制出油和回油的阀门分别与两个工作腔相通。

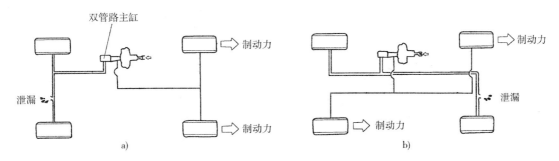

图 4-61 双管路液压传动装置
a)FR 车辆;b)FF 车辆

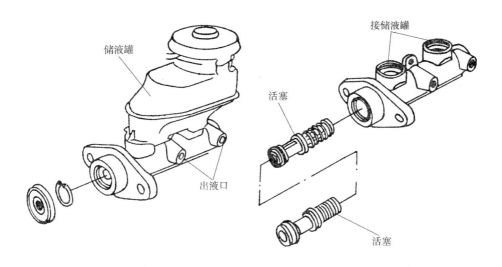

图 4-62 双管路主缸

踩下制动踏板时,活塞移动,油压升高打开出油阀,制动液经管路送往轮缸,使制动器工作。制动踏板踩踏越深,送入管路的油量越多,油压越高,制动作用越强。随着制动踏板力的加大,制动作用加强称为制动随动作用。

抬起制动踏板,活塞在弹簧作用下回位,主缸工作腔压力降低,轮缸及管路油压推开回油阀回流,制动器解除制动。

为保证解除制动时活塞能彻底回位,活塞与活塞杆之间留有一个很小的间隙,反映到制动踏板上的空行程称为制动踏板自由行程。踏板自由行程正常值应为 10～15mm,过大会导致系统不能达到最大制动强度;过小可能造成不能彻底解除制动。

2) 轮缸

轮缸的作用是把制动液压转换成活塞的移动,使制动蹄运动。每个轮缸上都有放气螺塞,用于放出系统中的空气,当系统中存在空气时,踏板行程的一部分用于压缩油液中的空气,使系统不能有效的制动。轮缸结构如图 4-63 所示。

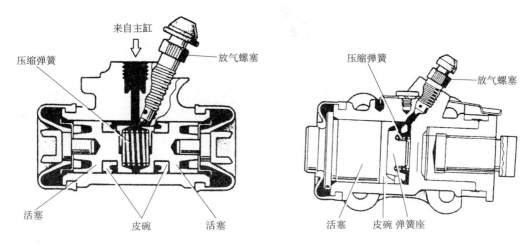

图 4-63　轮缸

五　驻车制动装置

由图 4-52 和图 4-53 可见,驻车制动器的安装位置是传动轴附近或后轮。

有不少人称驻车制动装置为中央制动器,这主要是针对那些用制动器固定传动轴实现驻车制动的车辆。中央制动器多装于变速器、分动器之后或传动轴靠近主减速器处。在许多客、货汽车上,驻车制动装置从制动器到传动装置是完全独立的,而按照从发动机到驱动轮的动力传递路线来说,传动轴基本是处在一个中间位置。但是,在许多轿车上,驻车制动器就是行车制动器,这些制动器装在每一个车轮上,只是行车中用脚控制机构操纵所有制动器工作,驻车时用手控制机构操纵,只锁住两后轮制动器。

驻车制动器可以是鼓式或盘式,工作原理与行车制动器相同。

有的轿车在后轮设置专用的驻车制动器。其后轮旋转件是一个整体却分别属于两个制动器,中间是驻车制动鼓,边缘是行车制动盘,盘式制动器受控于制动踏板,鼓式制动器受控于驻车制动操纵杆。

六　制动系统认识

教学组织建议:

(1) 在实验室观察制动鼓、制动蹄、制动盘、制动钳、主缸、轮缸等散件。

(2) 在实验室观察简单非平衡式制动器和凸轮张开式制动器,注意两种制动器前后蹄摩擦片的长度差异。

(3) 用手张开制动蹄,模拟制动过程,感受需要的张力。

(4) 边转支承销边转动制动鼓,感受蹄鼓间隙的变化。

(5) 观察整车,找到液压制动主缸,指出轮缸的位置,找到放气塞。

(6) 感受制动踏板自由行程;感受驻车制动操纵杆的拉紧与放松。

(7) 教师指导学生认识空气压缩机、储气筒、制动控制阀、制动气室、气压表等气压制动系统主要组件,注意它们的安装位置,并简单介绍系统的工作过程。

小　　结

(1) 汽车底盘由传动系统、行驶系统、转向系统和制动系统四部分组成。

(2) 传动系统的主要功用是将发动机的动力传给驱动轮。传动系统主要由离合器、变速器、万向传动装置和驱动桥组成。

(3) 传动系统的布置形式用发动机位置和驱动轮位置表示,主要形式有前置发动机前轮驱动(前置前驱动)、前置后驱动、后置后驱动和全轮驱动。

(4) 离合器的工作状态有分离、接合和打滑三种,分别用于切断发动机与传动系统的动力、传递发动机动力和保护发动机及传动机件不过载。

(5) 汽车上普遍使用摩擦式离合器。有螺旋弹簧、膜片弹簧等形式,膜片弹簧式应用越来越广泛。

(6) 踩下离合器踏板初期的空行程称为离合器踏板自由行程。离合器踏板自由行程随汽车使用时间的延长而减小。

(7) 变速器有多个前进挡、一个空挡和一个倒挡。前进挡的作用是变速变矩;空挡用于中断动力传递;倒挡的作用是实现汽车的倒驶。

(8) 传动比用于定量表述速度变化的程度。传动比既是转速比又是转矩比,减速可以增矩。

(9) 万向传动装置由万向节和传动轴组成。万向传动装置能够在夹角和距离不断变化的轴间传递动力。

(10) 普通万向节单独使用时,主动叉匀速转动,从动叉忽快忽慢转动,称为普通万向节传动的不等速性。成对使用,并满足一定装配要求时,普通万向节可以实现等角速传动。

(11) 驱动桥由主减速器、差速器、半轴和桥壳组成。由万向传动装置输入的动力依次经主减速器、差速器、半轴传给驱动轮。

(12) 差速器起传力和差速两个作用。汽车上普遍使用行星齿轮式差速器,这种差速器传动时,两侧车轮的转速可以相等或不等,但两侧车轮转速之和总是等于差速器壳体转速的两倍;两侧车轮得到的转矩总是相等,其值等于差速器壳体转矩的一半。

(13) 行驶系统由车桥、车架、悬架和车轮组成。按照车桥两端车轮运动方式的不同,车桥分为转向桥、驱动桥、转向驱动桥和支持桥。

(14) 车桥与车架间的所有连接装置称为悬架,包括弹性元件、导向元件和减振器。把整体式车桥与车架连接起来的悬架称为非独立悬架;把断开式车桥与悬架连接起来的悬架称为独立悬架。

(15) 机械式转向系统由转向操纵机构、转向器和转向传动机构组成。前轴、左梯形臂、右梯形臂和横拉杆形成的梯形结构称为转向梯形。

(16) 汽车转向时,当内侧车轮偏转角大于外侧车轮偏转角,并满足一定的相互关系时,就可以使各车轮都做纯滚动。

(17) 转向器的作用是放大驾驶人对转向盘的操纵力,并改变力的方向。转向器的传动比越大,这种力的放大作用越强,操纵越省力,但灵敏度也越差。轿车取较小传动比。

(18) 为了确保运行安全,汽车上普遍装用行车制动和驻车制动两套彼此独立的制动装置。行车制动装置用于保证行驶中的车辆能按驾驶人要求减速或停车;驻车制动装置用于保证车辆的可靠停放。

(19) 任何制动装置都包括制动器和制动传动装置两部分。

(20) 制动器通过旋转机件与固定机件的摩擦,将汽车动能转变为制动器热能散入环境空气中实现制动。根据制动器旋转件的结构特点,制动器分为鼓式和盘式两类。

(21) 制动传动装置控制制动器的工作。基本的传动装置有机械式、液压式和气压式。为了提高制动的可靠性和安全性,液压、气压传动装置在汽车上都采用双管路布置方案。

复习思考题

一、简答题

1. 汽车底盘由哪几部分组成?
2. 传动系统的作用是什么?有哪几种布置形式?各种布置形式的特点和应用如何?
3. 离合器安装在什么位置?可以起哪些作用?
4. 离合器有哪些主要工作组件?摩擦式离合器的基本工作原理是怎样的?
5. 为什么要留离合器踏板自由行程?踩踏板时,经历这段行程与继续踩踏板使离合器分离感觉上有什么不同?
6. 常用的离合器操纵方式有哪两种?
7. 变速器有哪几类挡位?它们各自可以完成哪些功能?
8. 参照图4-10画出该变速器1挡传动时动力传递路线示意图(注意各齿轮位置、大小及齿轮轴的连接关系均应正确)。
9. 什么是传动比?转速与转矩的关系是怎样的?
10. 什么是直接挡?什么是超速挡?1挡和3挡哪一个传动比大,哪一个对应的车速高?
11. 手动变速器常用的三种换挡方式是什么?哪一种不需要换挡时踩两次离合器踏板?
12. 齿轮式变速器倒挡是如何实现输出轴与输入轴反向的?
13. 变速器操作机构有哪几种形式?换挡杆在驾驶室地板上的一定是直接操纵式吗?
14. 操纵机构的三套锁止装置各有什么功能?
15. 万向传动装置的作用是什么?
16. 传动轴上为什么焊着平衡片?为了不改变原有的平衡,分解过的传动轴重装时应注意什么?
17. 对FR和FF系统的主减速器功能的要求各是什么?结构上怎样满足要求?
18. 为了保证主减速器的正常工作,必须对哪三项内容做严格调整?
19. 为什么要装用差速器?普通行星齿轮式差速器主要组件有哪几个?
20. 车辆行驶在平直路面时差速器起什么作用?路面不平或车辆转弯时,差速器起什么作用?

21. 什么是转向轮定位？转向轮定位的目的是什么？有哪几项定位？
22. 什么是独立悬架、什么是非独立悬架？它们各有什么特点？各在什么汽车上应用？
23. 悬架由哪几部分组成？各部分的主要作用是什么？
24. 为什么在一些车桥与车架之间只安装钢板弹簧，而使用螺旋弹簧时必须同时装用导向杆和减振器？
25. 什么是承载式车身？
26. 汽车转向系统的有哪两种形式？
27. 机械式转向系统由哪几部分组成？各部分的主要作用是什么？如何实现车轮的偏转？
28. 什么是转向盘自由行程？它在汽车使用过程中会发生变化吗？转向盘自由行程一般应为多大？
29. 汽车至少必须具备哪两套彼此独立的制动装置？彼此独立是什么含义？
30. 一般鼓式制动器由哪几部分组成？简单非平衡式制动器的结构有什么特点？
31. 什么是制动助势作用和制动减势作用？对简单非平衡式制动器做怎样的改动可以使两个制动蹄前进制动时都成为助势蹄？
32. 气压制动系统配用的制动器为什么前后制动蹄摩擦片等长？
33. 盘式制动器的优点是什么？试述其工作原理？
34. 制动传动装置有哪几种形式？各有什么特点？
35. 什么是双管路系统？双管路主缸结构上应满足什么要求？
36. 液压制动传动装置的制动踏板自由行程对应哪部分间隙？

二、选择题

1. 关于普通万向节传动的不等速性错误的说法是（　　）。
   A. 主、从动叉不能同时转完一周　　B. 同时转完一周,但从动叉时快时慢的转动
   C. 转速越快不等速的程度越明显　　D. 不等速程度随轴间夹角加大而加大
2. 要实现等角速传动,图4-64中哪个方案正确？

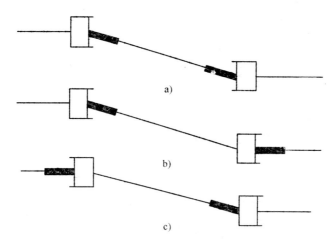

图4-64　双万向节式传动轴的排列

3. 架起驱动桥,转动主减速器输入轴,两侧车轮将(　　)。
   A. 等速同向转动　　　　　　B. 等速反向转动
   C. 不等速同向转动　　　　　D. 不等速反向转动

4. 如果不起动发动机,架起驱动桥,踩下离合器踏板,同时向前转动两侧驱动车轮,其结果是:
   甲认为:传动轴会转动,要是松开离合器踏板并且挂上挡,动力会传到曲轴,这正是推车可以使发动机获得起动所需要的外力的原因。
   乙认为:挂上挡只有驱动轮转动,这是因为有差速器的关系,传动轴根本不会转动,因为不少驾驶人停车后就用挂挡替代使用驻车制动。
   你认为(　　)。
   A. 甲对　　　　B. 乙对　　　　C. 甲乙都不对

5. 一辆装用普通行星齿轮式差速器的汽车,一个车轮在良好路面,另一个在泥泞中,挂上前进挡,踩下加速踏板,汽车仍未能驶出泥泞,下面说法正确的是(　　)。
   A. 两个车轮都高速旋转,结果力矩太小
   B. 泥泞中的车轮高速旋转,好路上的车轮力矩为零
   C. 力矩太小,两个车轮都不转
   D. 泥泞中的车轮高速旋转,好路上的车轮得到和它相等的小力矩

6. 观察某车桥外观,其中间部分有较大的凸起,扳动车轮,车轮不能相对于车桥偏转,甲说是转向桥,乙说是驱动桥,丙认为是支持桥,丁说是转向驱动桥,戊认为看外观根本无法分辨,你认为(　　)正确。
   A. 甲　　B. 乙　　C. 丙　　D. 丁　　E. 戊

7. 某车行驶一段时间后,减振器外壳是热的,甲认为减振器已损坏,应尽快更换;乙认为这恰恰说明减振器工作正常;丙说这表示减振器即将不能正常工作。你认为(　　)。
   A. 甲对　　B. 乙对　　C. 丙对　　D. 三种说法都不对

8. 减振器的减振能力应满足的要求是(　　)。
   A. 越大越好　　　　　　　　B. 弹簧压缩时大,伸张时小
   C. 弹簧压缩时小,伸张时大　　D. 大小适中,始终不变

9. 下列关于轮胎的说法正确的是(　　)。
   A. 无内胎轮胎适于汽车高速行驶
   B. 有内胎轮胎不易漏气,工作更可靠
   C. 货车使用斜交轮胎,轿车使用子午线轮胎
   D. 轮胎花纹深浅不影响驱动与附着效果

10. 以下说法中错误的是(　　)和(　　)。
    A. 地面附着力不足不但无法实现转向,还会发生侧滑
    B. 当汽车向右转向时,右转向轮偏转角大于左转向轮
    C. 所有车轮旋转中心汇交一点使车轮转向时各轮可以做纯滚动
    D. 转动转向盘就可以实现汽车转向
    E. 转向轮最大偏转角越大,车辆的转弯直径也越大

11. 转向器角传动比(　　)。

    A. 大时,转向比较轻松,所以应尽量取大传动比

    B. 小时,操纵比较灵敏,所以应尽量取小传动比

    C. 适中的传动比即考虑到操纵省力又照顾到操纵灵敏,适合于各种车辆选用

    D. 高速轻型车应取小传动比,低速、中重型车应取大传动比

12. 关于制动的说法正确的是(　　)。

    A. 摩擦式制动器制动的过程就是把车轮的转动能量变成热能散发的过程

    B. 踩制动踏板的力越大,制动对应的时间和距离就越短

    C. 制动时地面留下黑色拖印表明制动效果良好

    D. 驻车制动器又称为中央制动器

第五章　汽车车身

学习目标
1. 了解车身的主要结构组成；
2. 掌握车身结构形式和特点；
3. 了解车身的其他附件。

汽车车身既是驾驶人的工作场所,也是容纳乘客和货物的场所。

车身应为驾驶人提供便利的工作环境,为乘客提供舒适的乘坐条件,保护他们免受汽车行驶时的振动、噪声、废气的侵袭以及外界恶劣气候的影响,并且应保证完好无损地运载货物且装卸方便。汽车车身上的一些结构和装备还应有助于安全行车和减轻车祸等严重事故的后果。

汽车车身应具有合理的外部形状,使汽车行驶时空气阻力小,燃油消耗低,并应以其优美的外形、优雅的装饰件和内部覆饰材料以及悦目的色彩使人获得美的感受,点缀人们的生活环境。

汽车车身结构主要包括:车身壳体、车门、车窗、车前钣金件、车身内外装饰件、车身附件、座椅以及通风、暖气、冷气、空气调节装置等。在货车和专用汽车上还包括车厢和其他设备。

第一节　汽车车身的主要结构形式

车身壳体是一切车身部件和零件的安装基础,是由各种承力元件组成的刚性空间结构。按壳体的受力形式可分为非承载式、半承载式和承载式三种,货车、高级轿车一般采用非承载式车身;客车则三种形式的车身均有采用,普通轿车、微型轿车广泛采用承载式车身。

非承载式车身的特点是车身与车架通过弹簧或橡胶垫作柔性连接。图 5-1 所示为典型的非承载式轿车车身壳体。在此情况下,安装在车架上的车身对车架的加固作用不大,汽车车身仅承受本身的重力、所装载的人和货物的重力及其在汽车行驶时所引起的惯性力和空气阻力。而发动机及其底盘各部件的重力、这些部件工作时通过其支架传来的力以及汽车行驶时由路面通过悬架传来的力(最后一项对车架或车身构件的影响最大)则由车架承受,如图 5-3 所示。

半承载式车身的特点是车身与车架采用螺栓连接、铆接或焊接等方法刚性地连接。在此情况下,汽车车身除了承受上述各种载荷外,还在一定程度上有助于加固车架,分担车架的部分载荷,如图 5-2 所示。

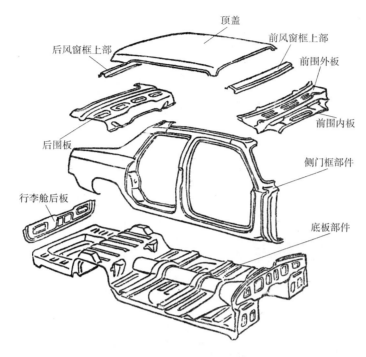

图 5-1 典型的非承载式轿车车身壳体

图 5-2 客车半承载式车身骨架和底盘

承载式车身的特点是汽车没有车架,车身就作为发动机和底盘各总成的安装基础。在此情况下,上述各种载荷全部由汽车车身承受,如图5-3所示。

轿车为降低迎面碰撞时的减速度,轿车车身前部通常做成折叠区(图5-4),这样在撞车时能提供500～600mm的变形行程,通过前部折叠区的变形来吸收撞车时的能量。且越是靠近乘坐区时,折叠区抵抗变形的能力越强,即变形越小,以保证乘员的幸存空间。

货车车身包括驾驶室和货箱。

东风 EQ1090E 和解放 CA1092 型汽车驾驶室采用骨架式非承载车身结构。驾驶室通常以三点支承在车架上,其中二点采用弹簧或橡胶衬垫连接,以减少驾驶室振动和车架扭动变形时对驾驶室的影响。

现代货车的驾驶室,按驾驶室与发动机的相对位置不同,结构类型可分为3种:

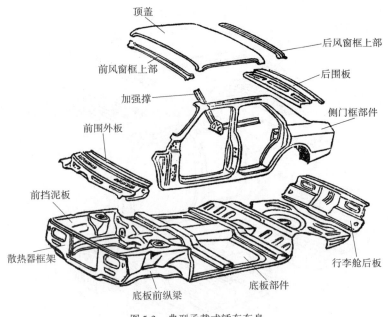

图 5-3 典型承载式轿车车身

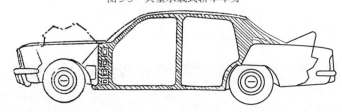

图 5-4 撞击时轿车各部的变形(乘坐区变形小,保证乘员的幸存空间)

(1)位于发动机之后的长头式驾驶室,如图 5-5a)所示。这种驾驶室的高度和宽度都较小,结构较紧凑,刚性也较好,通常是三点悬置,如 CA1092、EQ1090E,即为此类。

(2)与发动机并列的平头式驾驶室,如图 5-5b)所示。这种驾驶室虽然比长头式驾驶室宽度较大,但中部被发动机占去了很大空间,显得拥挤,刚性较差。这种结构的驾驶室通常是四点式悬置,如东风 HZ1110G 驾驶室。

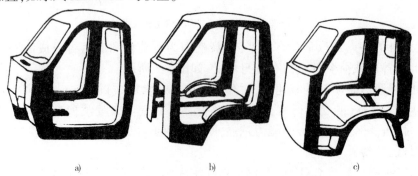

图 5-5 货车驾驶室结构类型

(3)位于发动机之上的平头式驾驶室,如图 5-5c)所示。与第二种结构相比,驾驶室的结构较完整,刚性较好,内部较宽敞,但驾驶室高度较大。这种结构通常采用三点式或四点式悬置。它适用于向前倾的驾驶室,如 JN1181C13。

第二节　车身认识

一　车门、车窗及其密封

车门是车身上重要部件之一。按其开启方式可分为顺开式、逆开式、水平移动式、上掀式和折叠式等几种,如图 5-6 所示。

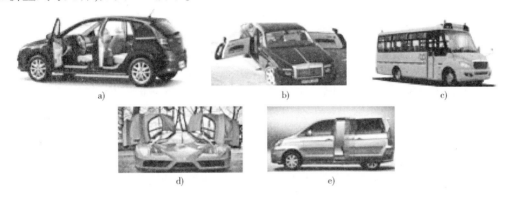

图 5-6　车门形式
a)顺开式;b)逆开式;c)折叠式;d)上掀式;e)水平移动式

顺开式车门在汽车前行时有借助气流关闭车门的趋势,比较安全,也便于驾驶人倒车时向后观察,故被广泛采用。逆开式车门在汽车行驶中若关闭不严有被迎面气流冲开的可能,故较少采用(一般只是为了改善上下车方便性及适应迎宾礼仪需要的情况下才采用)。水平移动式车门开启时占用空间小,主要用于小型客车。上掀式车门广泛用于轿车和小型客车及救护车的后门,也用于低矮的汽车前门。折叠式车门则广泛用于大、中型客车上。

在某些大型客车上,还设有便于乘客撤离以及救援人员进入的安全门。

现代汽车的车窗广泛采用安全的夹层玻璃和钢化玻璃。夹层玻璃是两片玻璃经中间层黏结而成,具有较高的抗冲击能力。夹层玻璃破裂后,仍然黏合在中间层上,较为安全。钢化玻璃破裂后,整块玻璃碎成无锐边的小块,不易伤人。

汽车的前、后窗通常采用有利于改善视野而又美观的曲面玻璃,它们借助橡胶密封条嵌在窗框上或用专门的黏结剂粘贴在窗框上。近年来,圆柱面玻璃较多地用于侧窗,这有利于汽车的布置,能增加室内的宽度,常用于美观的小型客车。侧窗玻璃常采用烟色的隔热夹层或镀层来保持室内温度并具有安闲宁静的舒适感。具有完善的冷气、暖气、通风及空调设备的高级客车,常常将侧窗玻璃设计成不可移动的,以提高车身的密封性。

二　车身其他结构

对轿车和长头式货车或客车来说,车前钣金件包括散热器框架、发动机罩、翼子板、挡泥板等。这些钣金件形成了容纳发动机、车轮等部件的空间。

车身的外部装饰件主要有装饰条、车轮装饰罩、标志、浮雕式文字等。散热器面罩、保险杠、灯具及附件等亦具有明显的装饰性。为了减轻行人被轿车撞击后的受伤程度,保险杠的高度应在人体膝盖以下,但又不能过低,否则会加大头部在发动机罩或风窗玻璃上的撞击速度。如欧洲某些国家标准规定保险杠的高度为330mm±13mm,但很多国家对此尚无标准。

车身内部装饰包括仪表板、顶篷、侧壁、座椅等的表面覆饰以及窗帘和地毯。在轿车上广泛采用天然纤维或合成纤维的纺织品、人造革或多层复合材料、连皮泡沫塑料等表面覆饰材料。在客车上则大量采用纤维板、纸板、工程塑料板、铝板、花纹橡胶板以及复合装饰板等覆饰材料。

车身附件有:门锁、门铰链、玻璃升降器、各种密封件、风窗刮水器、风窗洗涤器、遮阳板、后视镜、扶手、点烟器、烟灰盒等。后视镜的偏转角度一般可以手动调整,以适应不同驾驶人的使用习惯和要求,有些轿车的后视镜具有电子控制偏转的功能,使调整使用更为方便安全。在现代汽车上常常装有无线电收放音机和杆式天线,有的汽车上还装有无线电话机、电视机或小型食品加热器和小型电冰箱等附属设备。

车身内部的通风、暖气、冷气以及空气调节装置是维持车内正常环境,保证驾驶人和乘客安全舒适的重要装备。座椅也是车身内部重要装置之一。座椅由骨架、坐垫、靠背和调节机构等组成。坐垫和靠背应具有一定的弹性。调节机构可使座椅前后移动或上下移动。有的坐垫和靠背还可调节倾斜角度。某些座椅还装有弹性悬架和减振器,可对弹性悬架加以调节,以便在驾驶人们不同的体重作用下仍能保证坐垫离地板的高度适当。在某些货车驾驶室中,还设置有供长途行车用的卧铺。

小　　结

(1) 汽车车身主要由车身壳体、车门、车窗、座椅、内外饰及车身附件等装置组成。
(2) 按受力形式车身壳体分为非承载式、半承载式和承载式三种。
(3) 车门按开启方式分为顺开式、逆开式、水平移动式、上掀式和折叠式等形式。
(4) 车窗玻璃采用夹层玻璃或钢化玻璃。

复习思考题

简答题

1. 说明车身壳体的结构形式有哪些,各有什么特点。
2. 说明货车驾驶室的结构类型的种类和特点。
3. 说明车门的形式和应用。

第六章 汽车新技术

> **学习目标**
> 1. 了解大众蓝驱技术;
> 2. 了解大众发动机增压及直接喷射技术(TSI)技术特点;
> 3. 了解大众双离合自动变速器(DSG)的技术特点;
> 4. 了解混合动力系统的定义和工作原理;
> 5. 能说出混合动力汽车的组成和分类;
> 6. 掌握混合动力系统主要部件的作用。

第一节 大众新技术

大众汽车提出的一种旨在降低汽车的油耗及排放和以企业整体发展的可持续性为目标的技术,蓝驱(BlueMotion)技术通过改进TDI涡轮增压柴油发动机的涡轮增压器、采用电子废气再循环阀门及更宽传动比的变速器,配以优化设计的车轮及低滚阻力轮胎,达到比普通TDI柴油车型更低的燃油消耗及排放。

蓝驱(BlueMotion)技术是以改进的TDI发动机技术为核心,TDI是英文Turbo-charged Direct Injection的缩写,也就是"涡轮增压柴油直喷发动机技术"的意思。除了汽油机外,大众汽车长期以来一直致力于先进柴油机技术的开发,并处于业内领先水平,涡轮增压柴油直喷发动机技术的研发完成,使得大众汽车柴油发动机不仅保持了令人难忘的动力及经济性,更大大降低了有害物排放及温室气体二氧化碳排放,并改变人们对传统柴油发动机高噪声/高污染、低功率的印象,赋予了柴油"绿色燃料"的全新历史意义。

"蓝驱"标志代表了省油和驾驶乐趣:"蓝驱"并不意味着为追求燃油效率而牺牲驾驶乐趣,大众汽车已通过全线产品安装TDI(涡轮增加直喷柴油发动机)、FSI(汽油直喷发动机)以及TSI(增压直喷发动机)等类型发动机,完美地实现了驾驶享受的最大化和燃油消耗的最低化。这三款发动机在技术上目前都远远领先于世界水平,未来的发展还将这三款发动机技术融为全新的驱动技术,例如大众汽车目前拥有的CCS混合燃料技术,它将柴油和汽油发动机的优点融为一体,运用代表未来发展方向的合成燃料,从而取代传统的柴油和汽油等燃料,"蓝驱"产品就是这个发展的先驱。

"蓝驱技术系列"是大众汽车一系列节能、环保汽车技术的集合,代表了大众汽车领先的创新水平。主要包括以下技术。

一 起动停车技术

起动停车技术使发动机怠速产生的油耗成为过去。在遇到红灯时,驾驶人进行制动,将挡位换入空挡并完全释放离合踏板,控制系统自动将发动机熄火。绿灯时,驾驶人踩下离合器,发动机则自动重新起动,驾驶人挂入挡位即可继续前行。起动停车技术能够实现最多0.2L/100km的节油效果。

二 再生制动能量回收技术

再生制动能量回收技术可以最大限度地回收车辆在制动或减速过程中耗费的能量。当驾驶人释放加速踏板或施加制动时,车辆减速,产生了多余的能量,再生制动能量回收系统将多余的能量回收,在发电机控制单元的调节和控制下,将多余的能量以电能的形式回收储存。该系统还可以在车辆加速或匀速行驶时降低发电机的电压,甚至完全关闭发电机,以降低发动机负载,从而提高燃油经济性。

三 混合动力和电力驱动技术

大众汽车的工程师们不仅积极努力不断提高内燃机的燃油经济性,同时,也应用电力驱动技术,开发混合动力系统。大众汽车的混合动力系统采用先进的TSI发动机,结合电力驱动系统,可降低油耗达15%;大众汽车新型混合动力技术的开发,为将来全面实现以电力驱动作为车用动力,实现交通运输业的可持续发展迈出了重要的一步。

四 6速手动变速器配备挡位提示

"高尔夫蓝驱技术系列"配备的是大众汽车成熟高效的6速手动变速器,这款变速器装备于大众汽车多个车型系列。高效的变速器系统把发动机功率以最高的效率传递至车轮。

而配合6速手动变速器的技术亮点是,这款"高尔夫蓝驱技术系列车型"带有挡位提示功能:变速器系统检测车速和发动机转速等数据,同时也根据驾驶人的操作进行判断,计算出处于最佳燃油效率的挡位,并在仪表板上显示。驾驶人根据这一提示选择最佳挡位,就能够使车辆保持在最佳燃油经济性状态行驶,从而,提高了燃油效率,降低了油耗和排放。

五 TSI技术

1.1.4TSI发动机概述

结合了紧凑型设计、燃油直喷及增压技术的1.4TSI发动机,实现了超乎寻常的高功率输出和转矩表现,而且排放和油耗都很低。由于发动机结构紧凑,质量小,因此转动惯量也小;采用新的加工工艺等技术,摩擦损耗降低,提高了发动机的机械效率。新一代的增压系统,提高了发动机动力性和响应特性;采用新的直喷技术提高了发动机的压缩比和燃烧效率。因此与传统的发动机相比,更加高效、强劲;而且节能、环保。外观如图6-1所示。

2.1.4TSI发动机的主要特点

1.4TSI发动机的主要特点有轻量化紧凑型设计、新的燃油直喷技术及新一代增压技术,如图6-2所示。

轻量化紧凑型设计：应用"Downsizing"理念设计出来的1.4TSI发动机在减小尺寸方面，用较小排量的发动机取代较大排量的发动机。由此降低了内部的摩擦和燃油消耗，而功率和转矩没有降低。应用这个理念设计、制造的发动机，相对功率相同的传统发动机而言，将消耗更少的燃油。

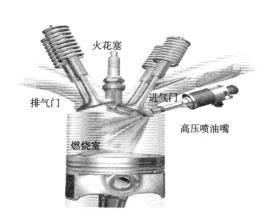

图6-1 1.4TSI发动机外观　　　　　　　图6-2 1.4TSI发动机的特点

新的燃油直喷技术：喷油嘴安装在燃烧室的上方，将燃料直接喷入燃烧室，喷嘴工作控制精度为0.01ms，喷油压力最高达10MPa。而进气歧管喷射方式的喷射压力一般只有0.3MPa。这是大众将其首创的柴油机缸内直接喷射技术移植到汽油发动机领域的一项革命性的创新技术。通俗地说就是将汽油和空气单独注入燃烧室，空燃比的控制更加精确，燃油的雾化效果好，油气混合充分，从而使得燃烧更彻底，提高燃烧效率、降低尾气中有害气体的含量。由于配备了按需控制流量的低压燃油系统和带有调节装置的高压燃油系统和新的高压喷嘴技术，能够根据需要适时、精确地将燃油直接喷入发动机汽缸内并实现均质燃烧，从而获得良好的冷起动性能和动力性。汽油直喷技术最显著的优点是在提供更大的输出功率和转矩的同时，获得了良好的燃油经济性，并降低了排放。毋庸置疑，燃油直喷技术代表着汽油发动机的最新发展方向。（传统的发动机采用的是将汽油和空气在进气歧管中混合后再进入燃烧室的，称之为进气歧管喷射方式，这种技术叫多点喷射技术）

事实证明，在同等排量的情况下，采用燃油缸内直喷技术比传统的多点喷射技术的发动机功率和转矩显著提高。汽油经新型高压燃油泵和6孔喷油器直接喷入汽缸内与涡轮增压器压缩进来的空气混合，带来了更理想的油气混合及更高的压缩比，使燃烧过程更充分，动力输出更强劲。

当然这是技术不断改进的综合成果，从而实现了发动机动力性和燃油经济性的完美结合，是当今汽车工业发动机技术中最成熟、最先进的燃油直喷技术，引领并延伸了汽油发动机的发展趋势。

新一代增压技术：1.4TSI发动机的涡轮增压器的动力来自发动机排出的废气。涡轮增压系统能够提高进气压力，增加进气量，使得TSI比非增压发动机和其他增压发动机效率更高,在明显改善动力性的同时,油耗也有较大幅度的下降。在道路条件优良的工况下则具有更低的油耗。而且车辆动态响应更迅速,中速加速性能更强。值得一提的是,TSI 发动机熄火后,一个独立的冷却系统会自动启动,继续为发动机降温以保护涡轮增压系统。

1.4TSI 发动机的涡轮增压器采用新的增压空气冷却技术,使涡轮增压器响应更灵敏,在发动机转速 1500～4500r/min 范围内可以达到高于 200N·m 转矩输出,通常 3500r/min 以下是驾驶车辆常用的转速范围。另外 1.4TSI 发动机摒弃了正时皮带,取而代之的是正时链条,具有寿命长,终身免更换的优点。

应用以上这些技术,1.4TSI 发动机实现了超乎寻常的高功率和高转矩输出,而排放和油耗却很低。小排量发动机摩擦损耗低,增压技术改善了动力性能,从而进一步提高了燃油经济性。此外,直喷技术提高了压缩比,与增压技术相结合,进一步提高了发动机效率。因此与传统增压汽油发动机相比,更加节能。

3. 1.4TSI 发动机的动力性

1.4TSI 发动机虽然排量只有 1.4L,属于小排量发动机。虽然排量比所有中级和中高级轿车的发动机的排量都小,但是它的动力性却毫不逊色。是不折不扣的"小排量,大功率、大转矩",如图 6-3 所示。

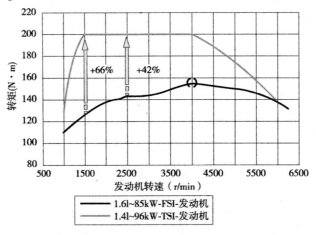

图 6-3 1.4TSI 发动机的动力性

1.4TSI 发动机的最大功率为 96kW(5000r/min)。即在 5000r/min 时,输出功率达到最大值的 96kW。最大功率决定了轿车的最高车速。车重为 1.4t 的速腾 1.4TSI 手动款最高车速为 203km/h。自动挡为 200km/h。

1.4TSI 发动机的最大转矩为 220N·m(1750～3500r/min)。即在 1750～3500r/min 的宽转速范围内,输出转矩达到最大值 220N·m,最大转矩决定了轿车的加速能力。而且 1500～4500r/min 转速区间内输出转矩都超过 200N·m,超过最大转矩的 90%,使车辆在较宽的发动机转速范围内都有很理想的加速性。以车重为 1.4t 的速腾 1.4TSI 车型无论手动款还是自动款为例,其 0～100km/h 加速时间均为 10.2s。由此可见,1.4TSI 发动机具有十分强劲的动力性。

4. 1.4TSI 发动机的低排放

1.4TSI 发动机的排放可以满足欧Ⅴ标准。由于我国目前实施的是国 4 排放标准(相当于欧Ⅳ标准),因此,装备1.4TSI发动机国产车型是按满足国4(相当于欧Ⅳ标准)公布的排放水平。实际上,1.4TSI完全具备满足欧Ⅴ的技术水平。

由于1.4TSI发动机的排量小,油耗低,燃烧效率高,加上自身摩擦损失也小,不仅大幅降低了油耗、降低了二氧化碳(CO_2)和有害气体(HC,CO,NO_x)的排放量。所以它还是一款绿色发动机。大众1.4TSI发动机的研发成功再一次说明强劲动力与节能环保并不矛盾。

六 DSG变速器技术

1. DSG 概述

DSG是Direct Shift Gearbox的英文缩写,直译为"直接换挡变速器",因其换挡迅速,换挡过程不存在停顿而得名。但"双离合器"是这种新型自动变速器技术区别于其他自动变速器的核心部件,是其技术特征的关键所在,因而将其命名为"双离合自动变速器"(Double-clutch Gearbox)更为贴切。双离合自动变速器有二个离合器,分别与奇数和偶数挡位齿轮相关联。当奇数挡位运行时,相邻的偶数挡位齿轮已经被预选并啮合,处于待命状态。一旦换挡条件得到满足,奇数挡离合器分离,同时偶数挡离合器接合。同样,当偶数挡位运行时,相邻的奇数挡位齿轮已经被预选并啮合,处于待命状态。一旦换挡条件得到满足,偶数挡离合器分离,同时奇数挡离合器接合。

上述换挡过程极为迅速,比手动挡变速器要快,因而换挡平顺,不产生动力间断,而且没有顿挫感。

2. DSG 的结构

DSG的机械部分的结构和我们熟悉的手动变速器一样,都是由离合器、输入轴、输出轴、各挡位的齿轮、同步器和换挡拨叉等零部件组成的。只不过DSG拥有二个离合器(因此得名"双离合器变速器")、二根输入轴、二根输出轴和四个换挡拨叉,实际上是通过非常具有想象力的结构设计把两个手动变速器即齿轮箱巧妙地集成组合在一起了。外观如图6-4所示,结构如图6-5所示。

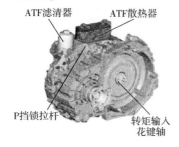 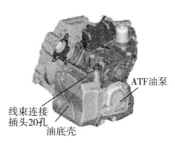

图6-4 DSG直接挡变速器外观

DSG的控制部分又和传统的自动变速器一样,是电脑(控制器)和液压机构集成组合而成的电液控制单元。电液控制单元对系统液压及电子的复杂动作进行精准的控制。

控制系统不仅控制DSG自身,还要协调发动机控制单元等,实现一系列复杂的换挡动作。其控制原理和工作原理也和传统的自动变速器差不多。

DSG综合了手动变速器和传统自动变速器的结构特点,用"手动箱,自动拨"6个字来概括DSG的结构和原理是再贴切不过的了。

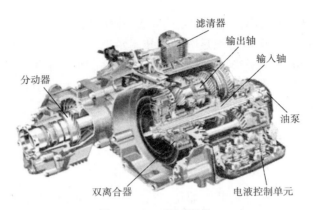

图 6-5　DSG 变速器结构

3. DSG 的换挡原理

DSG 和手动变速器一样,通过不同的齿轮组合产生变速变矩。DSG 的关键部件双离合器由 2 个离合器(K1、K2)组成。一个离合器控制奇数挡位齿轮,另一个离合器控制偶数挡位齿轮,如图 6-6 所示。

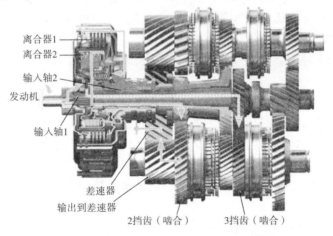

图 6-6　DSG 换挡原理

DSG 的变速变矩过程:车辆起动,驾驶人挂挡行驶,离合器 1(K1)闭合,发动机动力通过输入轴 1(S1)和离合器 1(K1)传递动力到 1 挡齿轮,车辆以 1 挡运行。

随着车速增加,控制单元指挥 2 挡齿轮"预先"进行啮合,使离合器 2(K2)处于待命状态,但是,离合器 2(K2)还没有接合,尚未被"激活"。因而,车辆仍然以 1 挡来行驶。

当车速达到 2 挡的换挡点时,K2 立即接合,与此同时,K1 迅速分离,发动机动力则立刻转换为通过离合器 2(K2)和输入轴 2(S2)进行动力的传递,换挡完成,车辆以 2 挡行驶。由于 2 挡齿轮已经是预先啮合的,换挡过程只有双离合器的切换动作,因而动作迅速,在瞬间完成。

同样,随着车速进一步提高,在换到 3 挡前,3 挡齿轮也进行"预先"啮合,进入"待命"状态。同样,此时 K1 还是处于打开状态,没有动力传递到 3 挡,而达到 3 挡的换挡点时,K2 打开,K1 同时迅速接合,再次转为通过输入轴 1 和 3 挡齿轮将动力传递至车轮。换挡系统以同样的动作换至 4、5……挡。

简言之：DSG 的变速机构预选下一挡位，利用其核心部件——双离合器的交替"离合"实现快速换挡。换挡过程中发动机动力持续输出，不产生间断，使车速提升迅速而平顺，因此无顿挫感。快捷、平顺、持续输出的动力，DSG 的这些优势为驾驶人带来更多驾驶乐趣。

4. DSG 的优势

不同原理的变速器各具优势，而就综合势力而言，DSG 是当今世界上最先进的、最具革命性的变速器。由于没有液力变矩器，在传动过程中的能耗损失非常有限，大大提高了轿车的燃油经济性。三轴式的前进挡的传统齿轮机构，增加了动力的分配。此外 DSG 具有手动和自动 2 种控制模式。当进入逻辑控制模式下可以根据驾驶人的意愿自动实施换挡控制。

在换入下一挡之前，DSG 已经预先将下一挡的齿轮啮合，因而在换挡时，只有快如闪电的双离合器的切换动作，耗时不到 0.3~0.4s（专业车手开手动挡车最快换挡时间也要 0.5s），因此动作迅速而平顺，瞬间完成，不产生动力间断。

这为提高车辆的动力表现带来了直接好处：使车辆动力性能提升。以配备 6 挡 DSG 的迈腾 1.8TSI 车型为例，其 0~100km/h 加速需时 9.5s，比配备 6 挡 AT 自动变速器的车型快了 1.1s，和手动挡车型的表现（9.4s）相差无几。

事实上 DSG 的结构原理与 MT 手动变速器相同，换挡时间比手动更短。换挡时机更加合理，所以其传动效率更高，从而使油耗降低。

同样以配备 6 挡 DSG 的迈腾 1.8TSI 车型为例，在动力表现提高的同时，其油耗却比配备 6 挡 AT 车型的百公里油耗降低了 0.4L。其实，6 挡 AT 已经是非常先进的了，相对有些厂家还在使用 4 挡或 5 挡 AT，6 挡 AT 在燃油经济性方面的表现已经很出色了。而 DSG 则又为自动挡车型带来了油耗的进一步降低。

DSG 在提高动力性能，为驾驶人带来更多驾驶乐趣的同时，不再以更多油耗为代价，充分满足了消费者对驾驶乐趣和节油的双重追求！DSG 已经成为当前世界上最先进的、最具革命性的变速器，是乘用车传动技术的发展趋势。

七、TSI+DSG 完美组合

TSI 发动机结合了燃油缸内直喷和涡轮增压技术，使发动机效率、燃油经济性、动力性能和排放控制等都明显改善，已成为发动机技术的发展趋势。特别是其"高、宽、平"的转矩特性在低速行驶的城市交通以及高速行驶的路况都具有出色的动力表现。DSG 双离合自动变速器结合了手动变速器和自动变速器的优点，以更低的油耗实现了更为快捷的换挡，为人们带来了更为舒适、更富乐趣的驾驶感受。TSI 与 DSG 的完美结合则进一步提高了燃油经济性，使油耗降低、排放更清洁，动力则更为强劲。

第二节　混合动力汽车

混合动力汽车是指驱动系统由两个或多个能同时运转的单个驱动系联合组成的车辆，车辆的行驶功率依据实际的车辆行驶状态由单个驱动系统单独或多个驱动系统共同提供。国家标准定义"由两种和两种以上的储能器、能源或转换器作为驱动能源，其中至少有一种能提供电能的车辆称为混合动力汽车（HV）"。混合动力汽车将是短期和中期新能源汽车发展的主导力量,电动汽车则是长期发展的重点。因各个组成部件、布置方式和控制策略的不同,混合动力汽车有多种形式。

一 混合动力系统组成及功能

混合动力汽车的动力系统主要由控制系统、驱动系统、辅助动力系统和电池组等部分构成。主要部件如图6-7(丰田普锐斯混动主要部件)HV蓄电池总成:存储 MG1 和 MG2 的发电量。蓄电池向带转换器的逆变器总成供电,以驱动 MG1 和 MG2。

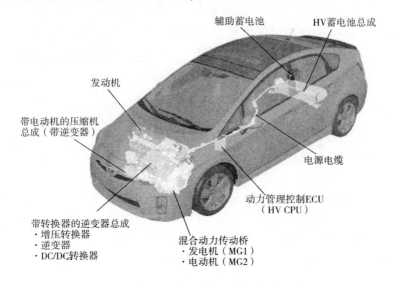

图6-7 丰田普锐斯混动主要部件

(1)带转换器的逆变器总成。

①增压转换器:升高 HV 蓄电池提供的电压并将其输出至逆变器。降低 MG1 和 MG2 产生的电压以对 HV 蓄电池充电。

②逆变器:将直流电转换为 MG1 和 MG2 的交流电。将 MG1 和 MG2 产生的交流电转换为直流电以对 HV 蓄电池充电。

③DC/DC 转换器:降低 HV 蓄电池电压以对电气零部件供电并对辅助蓄电池再充电。

(2)混合动力传动桥。

①发电机(MG1):利用发动机动力发电、作为起动机起动发动机。

②电动机(MG2):主要用来补充发动机动力以提高行驶性能。使用电动机驱动车辆时,系统自行利用 MG2 驱动车辆。减速时利用再生制动发电。

(3)动力管理控制 ECU(HV CPU)。用于控制混合动力系统的 ECU(HV CPU)与动力管理控制 ECU 集成为一体。接收关于驾驶人输入以及来自各传感器和各 ECU 的车辆行驶状况的信息,并根据此信息计算所需的 MG2 转矩和发动机功率输出以控制驱动力。

(4)发动机:该发动机是为混合动力系统设计的高效阿特金森循环发动机。产生动力以驱动车辆并发电。

(5)电源电缆:电源电缆是连接高压系统零件的高压、大电流电缆。

(6)辅助蓄电池:用作各 ECU 和电气零部件(如音响系统)的电源。

(7)带电动机的压缩机总成(带逆变器):空调的电动压缩机利用来自 HV 蓄电池的电源来工作。

二 混合动力系统的类型

1. 串联混合动力系统

串联混合动力系统如图 6-8 所示。

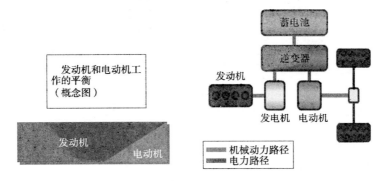

图 6-8 串联混合动力系统

发动机驱动发电机且电动机利用产生的电能驱动车轮。在串联混合动力系统中,电动机驱动车轮且发动机用作电动机的电源。因此,该系统可描述为配备发动机式发电机的电动车辆。具有低输出功率的发动机在其最有效的转速范围内以稳定的转速工作。发电机产生的电能对蓄电池充电,同时也向电动机供电以驱动车辆。

2. 并联混合动力系统

在并联混合动力系统中(图 6-9),发动机和电动机直接驱动车轮。除补充汽油发动机的电源外,车辆运行时,电动机也用作发电机对高压蓄电池组充电。也可在仅使用电动机的情况下驾驶车辆。

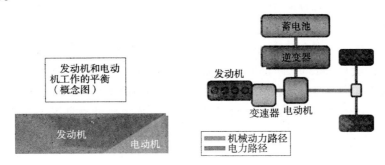

图 6-9 并联混合动力系统

3. 混联动力系统

(1)混联动力系统为串联—并联混合动力系统(图 6-10),该系统同时具有串联和并联混合动力系统的功能。

(2)混合系统配备电动机和发电机。发电机可通过发动机动力产生电能。产生的电能用于对 HV 蓄电池充电并向电动机供电。供给动力分配设备的发动机机械动力可通过电动机进行平衡。

图 6-10　串联—并联混联动力系统

三　混合动力系统按混合度分类

根据在混合动力系统中,电动机的输出功率在整个系统输出功率中占的比重,也就是常说的混合度的不同,混合动力系统还可以分为以下四类。

1. 微混合动力系统

代表的车型是 PSA 的混合动力版 C3 和丰田的混合动力版 Vitz。这种混合动力系统在传统内燃机上的起动机(一般为 12V)上加装了皮带驱动起动机(也就是常说的 Belt-alternator Starter Generator,简称 BSG 系统)。该电动机为发电启动(Stop-Start)一体式电动机,用来控制发动机的起动和停止,从而取消了发动机的怠速,降低了油耗和排放。从严格意义上来讲,这种微混合动力系统的汽车不属于真正的混合动力汽车,因为它的电动机并没有为汽车行驶提供持续的动力。在微混合动力系统里,电动机的电压通常有两种:12V 和 42V。其中 42V 主要用于柴油混合动力系统。

2. 轻混合动力系统

代表车型是通用的混合动力皮卡车。该混合动力系统采用了集成起动机(也就是常说的 Integrated Starter Generator,简称 ISG 系统)。与微混合动力系统相比,轻混合动力系统除了能够实现用发电机控制发动机的起动和停止,还能够实现:①在减速和制动工况下,对部分能量进行吸收;②在行驶过程中,发动机等速运转,发动机产生的能量可以在车轮的驱动需求和发电机的充电需求之间进行调节。轻混合动力系统的混合度一般在 20% 以下。

3. 中混合动力系统

本田旗下混合动力的 Insight,Accord 和 Civic 都属于这种系统。该混合动力系统同样采用了 ISG 系统。与轻度混合动力系统不同,中混合动力系统采用的是高压电动机。另外,中混合动力系统还增加了一个功能:在汽车处于加速或者大负荷工况时,电动机能够辅助驱动车轮,从而补充发动机本身动力输出的不足,从而更好地提高整车的性能。这种系统的混合度较高,可以达到 30% 左右,目前技术已经成熟,应用广泛。

4. 完全混合动力系统

丰田的 Prius 和未来的 Estima 属于完全混合动力系统。该系统采用了 272～650V 的高压起动机,混合程度更高。与中混合动力系统相比,完全混合动力系统的混合度可以达到甚至超过 50%。技术的发展将使得完全混合动力系统逐渐成为混合动力技术的主要发展方向。

四 混合动力特点

(1) 优点:

①采用混合动力后可按平均需用的功率来确定内燃机的最大功率,发动机相对较小(downsize),此时处于油耗低、污染少的最优工况下工作。由于内燃机可持续工作,电池又可以不断得到充电,故其行程和普通汽车一样。

②因为有了电池,可以十分方便地回收下坡时的动能。

③在繁华市区,可关停内燃机,由电池单独驱动,实现"零"排放。

④有了内燃机可以十分方便地解决耗能大的空调、取暖、除霜等纯电动汽车遇到的难题。

⑤可以利用现有的加油站加油,不必再投资。

⑥可让电池保持在良好的工作状态,不发生过充、过放,延长其使用寿命,降低成本。

⑦整车由于多个动力源,可同时工作,整车的动力性优良。

(2) 缺点:系统结构相对复杂;虽然油耗低,但仍然消耗能源。

小　　结

(1)"蓝驱技术系列"是大众汽车一系列节能、环保汽车技术的集合,代表了大众汽车领先的创新水平。

(2)"蓝驱技术系列"包括:起动停车技术、再生制动能量回收技术、混合动力和电力驱动技术、6 速手动变速器配备挡位提示、TSI 技术、DSG 技术等。

(3)起动停车技术,在遇到红灯时,驾驶人进行制动,将挡位换入空挡并完全释放离合踏板,控制系统自动将发动机熄火。绿灯时,驾驶人踩下离合器踏板,发动机则自动重新起动,驾驶人挂入挡位即可继续前行。起动停车技术能够实现最多 0.2L/100km 的节油效果。

(4)再生制动能量回收技术可以最大限度地回收车辆在制动或减速过程中耗费的能量。

(5)直喷技术:喷油嘴安装在燃烧室的上方,将燃料直接喷入燃烧室,喷嘴工作控制精度为 0.01ms,喷油压力最高达 10MPa。

(6)DSG 是 Direct Shift Gearbox 的英文缩写,直译为"直接换挡变速器",因其换挡迅速,换挡过程不存在停顿而得名。双离合自动变速器有二个离合器,分别与奇数和偶数挡位齿轮相关联。

(7)混合动力汽车:由两种和两种以上的储能器、能源或转换器作为驱动能源,其中至少有一种能提供电能的车辆。

(8) 混合动力汽车的动力系统主要由控制系统、驱动系统、辅助动力系统和电池组等部分构成。

(9) 混合动力汽车主要部件：HV 蓄电池总成、逆变器、DC/DC 转换器、混合动力传动桥、电源电缆、辅助蓄电池、带电动机的压缩机总成。

(10) 混合动力系统的类型：串联、并联、混联。

(11) 混合动力系统按电动机输出分类：微混合动力系统、轻混合动力系统、中混合动力系统、重混合动力系统。

(12) 混合动力系统特点：油耗低、污染少的最优工况下工作、实现再生制动、电池保持在良好的工作状态，不发生过充、过放，延长其使用寿命，降低成本。系统结构相对复杂；虽然油耗低，但仍然消耗能源。

复习思考题

一、简答题

1. 简述大众蓝驱技术的含义，有何意义。
2. 大众蓝驱技术涉及哪些技术？
3. 简述 TSI 技术特点。
4. 简述双离合器变速器的技术特点。
5. 什么是混合动力汽车？混合动力系统的组成是什么？
6. 混合动力汽车的主要部件有哪些？
7. 混合动力汽车的特点是什么？

二、选择题

1. 甲认为蓝驱技术有效降低了发动机的排放。乙认为蓝驱技术是大众汽车一系列节能、环保汽车技术的集合。你认为(　　)。

    A. 甲对　　　　B. 乙对　　　　C. 甲乙都对

2. (　　)技术可以最大限度地回收车辆在制动或减速过程中耗费的能量。

    A. 制动能量回收　　B. 混合动力　　C. 起停系统

3. 甲认为 TSI 技术提高了发动机动力性和响应特性；乙认为 TSI 直喷技术提高了发动机的压缩比和燃烧效率。你认为(　　)。

    A. 甲对　　　　B. 乙对　　　　C. 甲乙都对

4. 甲认为双离合自动变速器有二个离合器，分别与奇数和偶数挡位齿轮相关联。乙认为双离合自动变速器换挡过程极为迅速，比手动挡变速器要快。你认为(　　)。

    A. 甲对　　　　B. 乙对　　　　C. 甲乙都对

5. 对混合动力汽车描述不正确的是(　　)。

    A. 没有发动机　　B. 可以实现节油目的　　C. 结构相对复杂

6. 以下对混合动力主要部件作用描述正确的是(　　)。

A. DC/DC 转换器:降低 HV 蓄电池电压只能对辅助蓄电池充电
B. 发电机:只能利用发动机动力发电,不能作为起动机起动发动机
C. 增压转换器可以升高 HV 蓄电池提供的电压并将其输出至逆变器

7. 混合动力系统中,根据混合度的不同,混合动力系统的分类描述正确的是(　　)。
A. 串联、并联、混联
B. 串联、并联、中度混合、中混合动力系统、重混合动力系统
C. 微混合动力系统、轻混合动力系统、中混合动力系统、重混合动力系统

附录1　常见汽车仪表板警示灯图表

（1）红色　需要立即停车检修。

（2）黄色　需要就近停车检修。

（3）绿色　行驶状况提示。

附录2　名车标志

美国

 通用 汽车公司
 通用 上将
 通用 凯迪拉克
 通用 土星
 通用 别克

 通用 雪佛兰
通用 凤凰
 通用 别克
 通用 奥士莫比尔
 通用 旁帝克
 通用 菲罗

 福特 费尔蒙特
 福特 美洲狮
 福特 汽车公司
 福特 林肯
福特 雷鸟
福特LTD牌

 福特 君主
 福特 野马
 福特 水星
 克莱斯勒公司
 克莱斯勒 顺风
克莱斯勒 道奇

 道奇 小公羊
道奇 大公羊
 埃克斯卡利伯汽车公司
 施图茨 公司
 麦克 汽车公司
切克 汽车公司

德国

 戴姆勒一奔驰
 梅赛德斯一奔驰
 奥迪
 奥迪
 保时捷

 宝马
 欧宝
 大众
 凯斯鲍尔

法国

 雷诺
 雪铁龙
 标致
 标致
 塔尔伯特

 毕加索

155

意大利
菲亚特　　菲亚特　　兰西亚　　托马索　　林宝坚尼

阿尔发·罗米欧　布加奇　法拉利　玛莎拉蒂

英国
劳斯莱斯　本特利　劳斯莱斯　捷豹　捷豹—凯旋

利兰　利兰 马克西　利兰 奥斯汀　罗孚路华　莲花　凯旋

摩根　阿斯顿·马丁　摩根　拉格达　杰森

瑞典
沃尔沃　绅宝

俄罗斯
拉达　吉姆　伏尔加

日本
丰田　丰田 雷克萨斯　皇冠　丰田 皇冠　丰田 卡里纳

丰田 花冠　丰田 短跑家　丰田 光冠　丰田 塞利卡　丰田 国民　本田

丰田 海艾斯　本田 极品　日产　日产 王子　日产 塞尔维亚　日产 羚羊

日产 贵夫人　　日产 无限　　日产 桂冠　　日产 总统　　日产 王子　　日产 公爵

日产 尼桑　　三菱　　三菱 枪骑兵　　铃木　　富士　　马自达

大发　　马自达 宇宙　　马自达　　俊朗

韩　国

现代　　大宇　　双龙　　起亚

参 考 文 献

[1] 余志生.汽车理论[M].3版.北京:机械工业出版社,2001.
[2] 杨信.汽车构造[M].北京:人民交通出版社,1995.
[3] 魏庆曜.发动机与汽车理论[M].北京:人民交通出版社,1998.
[4] 吴际璋.汽车构造(上、下册)[M].北京:人民交通出版社,1993.
[5] 杨维和.汽车构造(上、下册)[M].北京:人民交通出版社,1998.
[6] 王遂双.汽车电子控制系统的原理与检修(电喷发动机部分)[M].北京:北京理工大学出版社,2000.
[7] J·厄尔贾维克,R·沙尔夫.汽车构造与维修[M].北京:机械工业出版社,1998.
[8] 唐·诺里斯,杰克·尔贾维克.发动机结构与使用[M].吉林:科学技术出版社,1998.
[9] 吕植中.车迷小百科[M].北京:机械工业出版社,1998.
[10] 东江.汽车大王(1)[M].北京:友谊出版社,1996.
[11] 文明.名车广场[M].北京:中国物资出版社,1998.
[12] 王刚,荆旭龙.新能源汽车[M].北京:清华大学出版社,2015.
[13] 上海通用汽车有限公司.汽车发动机控制系统及检修[M].北京:高等教育出版社,2016.
[14] 陈家瑞.汽车构造[M].3版.北京:机械工业出版社,2014.